外贸单证
实务（附微课）

Waimao Danzheng
Shiwu

张燕芳 黄艳 ◎ 主编
温秋华 韩利锋 ◎ 副主编

ZHIYE JIAOYU JINGJIGUANLI LEI XINXINGTAI XILIE JIAOCAI

人民邮电出版社
北 京

图书在版编目（CIP）数据

外贸单证实务：附微课 / 张燕芳，黄艳主编. --
北京：人民邮电出版社，2024.1
职业教育经济管理类新形态系列教材
ISBN 978-7-115-62731-5

Ⅰ．①外⋯ Ⅱ．①张⋯ ②黄⋯ Ⅲ．①进出口贸易－
原始凭证－高等职业教育－教材 Ⅳ．①F740.44

中国国家版本馆CIP数据核字(2023)第182132号

内 容 提 要

本书选用四个典型的外贸业务构成四个学习项目，每个项目按工作顺序并结合业务特点拆分成若干个学习任务。项目开始前设置"学习目标""任务描述""业务背景""发布任务"等版块，项目结束后设置"拓展实训"和"理论测试"等版块。任务中，根据实际需要设置"实训提示""知识回顾""操作演示""实训操作"等模块，局部内容设置"知识补充""课堂练习"等栏目。

本书配套学习资料见附录，包括相关知识索引、外贸单证常见英文释义、理论测试参考答案、自测试卷及参考答案等。

本书配套教学资料有课程标准、电子教案、电子课件、各类题目参考答案、模拟试卷及答案、真实单证样本、行业规范与法规等（部分资料仅限用书教师下载），索取方式参见"更新勘误表和配套资料索取示意图"（咨询 QQ：602983359）。

本书是高等职业教育经济贸易类专业教科书，也可作为外贸从业人员的参考资料。

◆ 主　编　张燕芳　黄　艳
　　副主编　温秋华　韩利锋
　　责任编辑　万国清
　　责任印制　李　东　胡　南
◆ 人民邮电出版社出版发行　　北京市丰台区成寿寺路 11 号
　　邮编　100164　　电子邮件　315@ptpress.com.cn
　　网址　https://www.ptpress.com.cn
　　北京天宇星印刷厂印刷
◆ 开本：787×1092　1/16
　　印张：10.75　　　　　　　　2024 年 1 月第 1 版
　　字数：272 千字　　　　　　2025 年 1 月北京第 3 次印刷

定价：46.00 元

读者服务热线：(010)81055256　印装质量热线：(010)81055316
反盗版热线：(010)81055315
广告经营许可证：京东市监广登字 20170147 号

前　言

党的二十大报告指出：中国坚持对外开放的基本国策，坚定奉行互利共赢的开放战略，不断以中国新发展为世界提供新机遇，推动建设开放型世界经济，更好惠及各国人民。

在坚持对外开放这一基本国策的推动下，国际贸易已成为我国国民经济不可缺少的重要环节。

外贸单证岗是国际贸易行业中专业性极强的工作岗位之一，外贸单证课程是高等职业教育经济贸易类专业的核心技能实训课。

本书践行"工学结合、任务驱动"的教学模式和"学中做、做中学"的学习模式，以尽可能帮助读者提高职业能力和职业素养。

本书是校企合作的成果，编写团队由教师和外贸企业的人员组成。编写团队根据外贸服务岗位（特别是外贸单证岗）的工作任务、应具备的核心职业能力和职业素养，并依据基于工作过程的课程设计理念，按照价格术语、支付方式和运输方式的不同，分析提炼出四个典型的外贸业务作为本书的四个学习项目。本书遵从职业教育的规律，各项目按由易到难、由简入繁的顺序排布。

外贸单证岗要求员工从外贸业务员手中接到进出口合同后，能辨别合同条款的内容和具体要求，根据合同规定的交易条件，制订出口工作计划（如是信用证支付方式还要审证）、安排备货并开立商业发票和装箱单、办理订舱并填报订舱委托书、办理货运保险并填报投保单（随后要审核保险单据）、办理报检报关、跟进装船并审核提单、申领原产地证、完成交单结算等签约后的外贸服务一体化工作。

本书各项目开始前设置"学习目标""任务描述""业务背景""发布任务"等版块，项目结束后设置"拓展实训"和"理论测试"等版块。四个学习项目都是独立而完整的工作过程，四个项目的工作过程相似而内容不同。每个项目按外贸单证岗的工作顺序拆分成若干个学习任务，任务中，根据实际需要设置"实训提示""知识回顾""操作演示""实训操作"等模块。为方便展开实训操作以提高学习效果，局部内容设置"知识补充""课堂练习"等栏目。

"拓展实训"和"理论测试"版块须学生独立完成，用于检验学习效果、促进主动思考、培养思维能力和表达能力。

本书配套学习资料见附录，包括相关知识索引、外贸单证常见英文释义、理论测试参考答案、自测试卷及参考答案等。

本书配套教学资料有课程标准、电子教案、电子课件、各类题目参考答案、模拟试卷及答案、真实单证样本、行业规范与法规等（部分资料仅限用书教师下载），索取方式参见"更新勘误表和配套资料索取示意图"（咨询 QQ：602983359）。

张燕芳（广东职业技术学院）、黄艳（惠州城市职业学院）担任本书主编，温秋华（惠州城市职业学院）、韩利锋（广东职业技术学院）担任本书副主编。张惠琴（佛山市迎拓陶瓷有限公司）、林乐光（希悦星生活文化有限公司）、冯晓杰（佛山市燊隆经贸有限公司）、黄丽娟（佛山市华的金属制品有限公司）为本书提供了大量真实业务背景、单证样本和其他一手资料，并参与了本书编写前的岗位分析、项目框架审定等工作。

由于编者经验有限，加之外贸环境不断变化，书中难免存在不足之处，恳请广大读者批评指正，我们将利用教材重印、再版和更新本书配套教学资料的机会及时修订（扫描附录五中的"更新勘误及意见建议记录表"二维码可查看本书"更新勘误记录表"和"意见建议记录表"）。

编　者

目 录

导论

认识外贸单证员岗位

>>> 学习目标 >>>

单证工作是对外贸易业务中一个必不可少的组成部分。学习导论，了解外贸单证员的岗位要求，熟悉外贸单证员的工作任务，掌握外贸单证的制单要求和审核依据，为后续学习做好铺垫。

任务一　了解外贸单证员的岗位要求

外贸单证员是外贸岗位群中的一个基础岗位，主要协助外贸业务员完成在进出口贸易履约过程中的审证、订舱、投保、申领原产地证、报检报关、交单结算等业务环节的单证制作和办理相关手续，属操作型外贸行业从业人员，是外贸业务员的重要助手，是外贸企业顺利履行进出口合同和顺利收付汇的"守护者"。在一些岗位分工比较细的大型外贸企业中，外贸单证员岗位一般设于外贸服务部门。

一名合格的外贸单证员需具有以下职业素养、职业能力和专业知识。

子任务一　了解职业素养要求

1. 守法精神

外贸单证员必须了解国家的对外贸易政策，在外贸单证工作中，要遵纪守法，不能违反国家实行的对外贸易法规政策。

2. 耐心细致的工作作风及敬业精神

在外贸单证工作中，外贸单证员需要耐心细致、一丝不苟地完成每一个环节的工作，需要具有敬业精神，吃苦耐劳，热爱本职工作。

3. 团队合作精神

在外贸单证工作中，外贸单证员要以大局为重，与同事精诚合作。

4. 善于利用互联网并具有终身学习的意识

外贸单证员在工作中要善于利用互联网，学习国家在报检报关、原产地证认证、外汇结售汇、出口退税等有关方面的政策，并具有终身学习的意识。

子任务二　了解职业能力要求

1. 能够按履约进度及时制作各种外贸单证并熟练办理各项手续

外贸单证员从外贸业务员手中接到进出口合同后，要能辨别合同条款的内容和具体要求，根据合同规定的交易条件，能够制订出口工作计划，能快速准确地制作各种外贸单证，同时能够熟练办理订舱、投保、申领原产地证、报检报关、交单结算等外贸服务一体化工作。

2. 信用证处理能力

如进出口合同采用信用证支付，外贸单证员需具备信用证处理能力。如是买方，要能够根据合同要求填制开证申请书和办理申请开立信用证的手续；如是卖方，要能够看懂信用证条款，能根据合同审核信用证，如信用证存在不合理的条款能够提出修改意见。

3. 单证审核能力

外贸单证员要能根据合同或信用证审核相关外贸单证是否有误。

4. 人际沟通能力

外贸单证员不仅要能与本企业的业务部门、跟单部门、财务部门等同事处理好关系，而且还要能与货运代理公司、保险公司、商检部门、贸促会、商业银行、外汇管理局、海关等建立友好的业务关系，以便高效地办理各项手续。

子任务三　了解专业知识要求

1. 外贸基础知识

外贸单证员应熟悉进出口业务流程，掌握贸易术语、支付方式、国际货物运输、国际货物运输保险、报检报关、索赔、不可抗力、仲裁等外贸基础知识。

2. 国际结算知识

外贸单证员应熟悉汇票、本票、支票等结算工具，熟悉电汇（T/T）、付款交单（D/P）和承兑交单（D/A）、信用证（L/C）的业务操作流程。

3. 外贸单证知识

外贸单证员应熟悉外贸单证工作流程和要求，掌握不同业务背景下各种外贸单证的制作要点、方法和技巧。

4. 熟悉国际贸易惯例

外贸单证员应熟悉《国际贸易术语解释通则 2020》（英文简称 INCOTERMS® 2020，以下简称《2020 通则》）、《托收统一规则》（《URC 522》）、《跟单信用证统一惯例》（《UCP600》）和《国际标准银行实务》(《ISBP745》) 等国际贸易惯例的条款及其实际应用。

任务二　熟悉外贸单证员的工作任务

　　外贸单证员的主要工作任务是协助外贸业务员完成在进出口贸易履约过程中的审证、订舱、投保、申领原产地证、报检报关、交单结算等业务环节的单证制作和办理相关的手续。不同的合同，采用不同的贸易术语和不同的支付方式结算，单证工作任务会稍有不同。总的来说，以 CIF 术语成交、信用证方式支付，出口外贸单证工作任务相对来讲较多；而以 FOB 术语成交、电汇方式支付，出口外贸单证工作任务相对来讲比较少。

　　表 0.1 以出口业务为例，以不同贸易术语和支付方式作为业务背景，归纳说明出口外贸单证员的工作任务要点。

表 0.1　出口外贸单证员工作任务要点

业务背景	任务一	任务二	任务三	任务四	任务五	任务六	任务七	任务八	任务九	任务十	任务十一	任务十二
	制订出口工作计划	催证、审证、改证	开立商业发票和装箱单	办理订舱	申领和制作原产地证	填报投保单、办理保险	报检报关	装运后跟进提单的签发	给买方发送装运通知	制作受益人证明	开立汇票	交单结算
FOB+T/T	√		√		√		√	√	√			√
CFR+D/P	√		√	√	√		√	√	√		√	√
CIF+L/C	√	√	√	√	√	√	√	√	√	√	√	√

　　需要特别说明的是，采用 FOB 术语成交，按《2020 通则》的规定，需由买方（进口方）订立自指定装运港到目的港的货物运输合同并承担运费，但在实际业务中，买方通常只指定货运代理公司，仍需由卖方（出口方）办理订舱和填报订舱委托书并发送给买方指定的货运代理公司。采用电汇方式支付时，如是 100%前 T/T，卖方应在收到货款后再给买方寄单；如是 100%后 T/T，卖方先给买方寄送单证，买方再按约定的时间电汇货款。

任务三　掌握外贸单证的制单要求和审核依据

子任务一　掌握外贸单证的制单要求

　　外贸单证员的制单工作要求是"正确、完整、及时、简明、整洁"。特别是采用信用证方式支付时，开证行在审核单证与信用证完全相符后，才承担付款责任。所以，单证质量的高低直接关系到企业能否安全、迅速收回货款。

　　1．正确

　　正确制单是外贸单证工作的前提，不管采用何种支付方式，单证必须正确无误。

　　要做到单证正确无误，必须做到"四个一致"，即"单证一致""单同一致""单单一致"

"单货一致"。具体来说，就是单证要和信用证条款的规定相符、单证要和合同的规定相符、单证和单证之间的内容要相符、单证上记载的内容要和实际发货情况相符。在信用证支付方式下，要求做到"单证一致""单单一致"；在汇款和托收支付方式下，要求做到"单同一致""单单一致"。不管采用何种支付方式，都要求做到"单货一致"，这代表了契约精神和基本职业操守。

2. 完整

单证的完整性是构成单证合法性的重要条件之一，单证的完整性包括以下三方面的要求。

（1）单证的内容完整。单证的内容完整是指每一种单证本身的内容（包括单证本身的格式、项目、文字和签章、背书等）必须完备齐全，否则就不能构成有效文件。

（2）单证的种类完整。单证的种类完整，即单证是成套齐全而不是单一的。交单时如遗漏了一种单证，就是单证不完整。例如，在以 CIF 条件成交的业务中，卖方向买方提供的单证至少包括商业发票、提单和保险单证。如有遗漏，银行（或买方）有拒付的权利。

（3）单证的份数完整。单证的份数完整是指卖方（或信用证受益人）必须按买卖合同或信用证和国际贸易惯例的要求如数提交各种单证，不能短缺。例如，信用证要求提交全套海运提单（full set ocean bill of lading）时，受益人必须提交船公司签发的全套正本提单，而不能只提交其中的一份正本。又如，信用证要求提交一式三份的商业发票（commercial invoice in triplicate），受益人可以提交一份正本商业发票，其余两份用副本；当然，受益人也可以提交三份正本商业发票，或提交两份正本商业发票和一份副本。

3. 及时

及时，要求做到以下两个方面。

（1）及时出单。及时出单是要求各种单证的出单日期必须合理可行。例如：提单上显示的发运日期不能晚于合同或信用证规定的装运期限；装运通知必须在货物装运后立即发出；保险单证的日期不得迟于提单的发运日期，除非保险单证表明保险责任不迟于提单发运日生效。一旦这些日期出现差错，就会造成单证不符或单单不符，影响货款的收回。

（2）及时交单。及时交单是要求卖方（或受益人）必须在信用证规定的交单期内且不得超过信用证的有效期向银行提交单证；如信用证没有规定交单期，按《UCP600》的规定，受益人不得迟于装运日后 21 天且不得超过信用证的有效期向银行提交单证。如受益人过期交单，开证行有拒付的权利，这将影响受益人安全收回货款。

4. 简明

单证的文字内容应按照 UCP600、ISBP745 和信用证的要求填写，力求简单明了，切勿加列不必要的内容，以免画蛇添足。简明地填写单证不仅可以减少工作量，提高工作效率，而且也有利于提高单证的质量，降低差错率。

5. 整洁

整洁是指单证格式力求规范化和标准化，单证内容的排列要行次整齐有序、重点项目突出、单证表面清洁，尽量减少或不出现涂改现象，确实必须更改的，要在更正处简签（只写姓或名字中的一部分）或加盖更改章。有些数据，如提单、汇票及其他重要单证的主要项目（如金额、件数、数量等）不宜更改。

子任务二 掌握外贸单证的制单和审单的主要依据

外贸单证员制作和审核单证的主要依据是外贸合同、信用证、有关商品的原始资料、国际贸易惯例、国内贸易政策及相关管理规定等。

在电汇结算方式下，外贸单证员制单和审单的主要依据是外贸合同、有关商品的原始资料和国内贸易政策及相关管理规定，其中外贸合同是制单和审单的首要依据。

在托收结算方式下，外贸单证员制单和审单的主要依据是外贸合同、有关商品的原始资料、《托收统一规则》和国内贸易政策及相关管理规定，其中外贸合同也是制单和审单的首要依据。

在信用证结算方式下，外贸单证员制单和审单的主要依据是信用证、有关商品的原始资料、《跟单信用证统一惯例》《国际标准银行实务》和国内贸易政策及相关管理规定。信用证取代外贸合同成为制单和审单的首要依据。

有关商品的原始资料，一般来自生产企业提供的交货单和货物出厂装箱单等资料，包括货物具体的数量、重量、规格、尺码等。

FOB 术语成交、T/T 支付的海运外贸业务

>>> 学习目标 >>>

从卖方的角色出发，通过学习本项目，要求学会核对合同条款，熟悉以 FOB 术语成交、电汇（T/T）方式支付的海运外贸业务的工作过程并能依此制订出口工作计划，掌握何时收取货款，掌握履约过程各工作任务的执行要求并学会该工作过程中有关单证的制作。

>>> 任务描述 >>>

本次业务以 FOB 术语成交，采用 T/T 方式支付。采用 T/T 方式支付时，卖方需明确合同规定买方何时支付货款，卖方确保收到定金或全部货款后再按照合同要求按时、按质、按量备妥货物，然后进入准备交货的阶段。本业务采用 FOB 术语成交，需由买方负责订立自指定装运港起运的货物运输合同，但实际业务中，买方通常只指定货运代理公司，仍需由卖方办理订舱手续。货物备妥后卖方需制作商业发票和装箱单，然后申报检验和报关（可委托货运代理公司报检报关，也可以自行报检报关）、申领原产地证。货物装船后卖方需要跟进提单的签发、通知买方货已装船，最后确保收到全部货款后再给买方寄送全套商业单证。

>>> 业务背景 >>>

广东汕头的喜月星生活文化用品有限公司（以下称为卖方）是一家经营高端生活装饰品和摆件的公司，产品远销欧美。公司业务员林科与意大利 SUEKATE CHRISTMAS SRL（以下称为买方）于 2022 年 6 月通过阿里巴巴国际站初步接触，经过多次磋商，卖方于 2022 年 7 月 12 日拟定如单证 1.1 所示的形式发票（PROFORMA INVOICE）作为双方成交意向的凭证，号码为 ES220712，卖方把形式发票发给买方。

单证 1.1

ENJOY STAR LIFESTYLE CULTURAL CO., LTD.
LIANSHANG INDUSTRIAL PARK, CHENGHAI, SHANTOU CITY, GUANGDONG PROVINCE, CHINA
TEL: +86 754 851×××88/857×××86　FAX: + 86 851×××86
E-MAIL: LI×××HP@GFS.COM

PROFORMA INVOICE

BUYER: SUEKATE CHRISTMAS SRL ADD: VIA MOTTOLA, ZONE INDUSTRIAL RSLE 286, 　74105 MARTINA FRANCA (TA) TEL: + 39/80/48×××15 E-MAIL: SAM.D×××@GRUPPOS.COM	PROFORMA INVOICE NO.: ES220712 DATE: 2022-07-12 PRICE TERMS: FOB SHANTOU FROM: SHANTOU TO: BARI(Italy)

Picture	Item No.	Description	Color	QTY (PCS)	Unit price (USD/PC)	Amount (USD)
		PLASTIC TABLEWARE　　H.S. CODE 392410				
	GA182	COPPETTA PLASTICA ESAGONALE 3 PZ ROSSO	RED	11,520	0.195	2,246.4
	GA137	COPPETTA PLASTICA 4 PZ ROSSO	RED	11,520	0.195	2,246.4
	GA244	COPPETTA PLASTICA STELLA 4 PZ ROSSO	RED	19,200	0.19	3,648.00
	GA227	COPPETTA PLASTICA FIORE 4 PZ ROSSO	RED	19,200	0.20	3,840.00
	GA186	COPPETTA PLASTICA TRIANGLARE 3 PZ ROSSO	RED	8,640	0.215	1,857.6
	GA83	COPPETTA PLASTICA ONDA 4 PZ ROSSO	RED	11,520	0.22	2,534.4
TOTAL AMOUNT: U.S.DOLLARS SIXTEEN THOUSAND THREE HUNDRED AND SEVENTY TWO AND EIGHTY CENTS ONLY.						16,372.8

TIME OF SHIPMENT: 50-60 DAYS AFTER RECEIVING DEPOSIT.
PAYMENT: THE BUYER MUST PAY 30% FOR DEPOSIT BEFORE 20th JULY 2022 BY T/T, 70% BALANCE BY T/T AGAINST COPY B/L WITHIN 5 DAYS.
10% MORE OR LESS IN QUANTITY AND AMOUNT IS ACCEPTABLE.
PACKAGE: HEADER POLYBAG + BARCODE STICKER.

　　7 月 15 日，买方按形式发票的内容签发了购货订单（PURCHASE ORDER，P.O.或 PO）并盖章，该订单号码是 226768，卖方业务员林科收到该订单后盖公司章确认。单证 1.2 是经买卖双方签名盖章确认后的订单。

单证 1.2

PURCHASE ORDER

P.O. NO.: 226768   DATE: JULY 15TH, 2022

BUYER: SUEKATE CHRISTMAS SRL ADD: VIA MOTTOLA, ZONE INDUSTRIAL RSLE 286, 74105 MARTINA FRANCA (TA) TEL: + 39/80/48×××15 E-MAIL: SAM.D×××@GRUPPOS.COM	SELLER: ENJOY STAR LIFESTYLE CULTURAL CO., LTD. ADD: LIANSHANG INDUSTRIAL PARK, CHENGHAI, SHANTOU CITY, GUANGDONG PROVINCE, CHINA TEL: +86 754 851×××88/857×××86 FAX: + 86 851×××86 E-MAIL: LI×××HP@GFS.COM
Port of loading: SHANTOU	Port of discharge: BARI, ITALY

Picture	Item No.	Description	Color	QTY （PCS）	Unit price (USD/PC)	Amount (USD)
		PLASTIC TABLEWARE H.S. CODE 392410 FOB SHANTOU				
	GA182	COPPETTA PLASTICA ESAGONALE 3 PZ ROSSO	RED	11,520	0.195	2,246.4
	GA137	COPPETTA PLASTICA 4 PZ ROSSO	RED	11,520	0.195	2,246.4
	GA244	COPPETTA PLASTICA STELLA 4 PZ ROSSO	RED	19,200	0.19	3,648.00
	GA227	COPPETTA PLASTICA FIORE 4 PZ ROSSO	RED	19,200	0.20	3,840.00
	GA186	COPPETTA PLASTICA TRIANGLARE 3 PZ ROSSO	RED	8,640	0.215	1,857.6
	GA83	COPPETTA PLASTICA ONDA 4 PZ ROSSO	RED	11,520	0.22	2,534.4
TOTAL AMOUNT: U.S.DOLLARS SIXTEEN THOUSAND THREE HUNDRED AND SEVENTY TWO AND EIGHTY CENTS ONLY.						16,372.8

TIME OF SHIPMENT: 50-60 DAYS AFTER RECEIVING DEPOSIT.

PAYMENT: THE BUYER MUST PAY 30% FOR DEPOSIT BEFORE 20th JULY 2022 BY T/T, 70% BALANCE BY T/T AGAINST COPY B/L WITHIN 5 DAYS.

10% MORE OR LESS IN QUANTITY AND AMOUNT IS ACCEPTABLE.

PACKAGE: HEADER POLYBAG + BARCODE STICKER.

THE BUYER'S CONFIRM:

SUEKATE
CHRISTMAS SRL

THE SELLER'S CONFIRM

>>> 发布任务 >>>

以本项目业务背景的外贸业务（P.O. NO. 226768）为执行对象，从卖方的角色出发，以交货和收取货款为工作中心，完成从核对合同条款开始到制订出口工作计划再到按计划履行进出口合同等的全过程，具体工作任务如图 1.1 所示。在此工作过程中，卖方同时需要制作商业发票和装箱单、填报订舱委托书、填报一般原产地证、填报（审核）海运提单等。

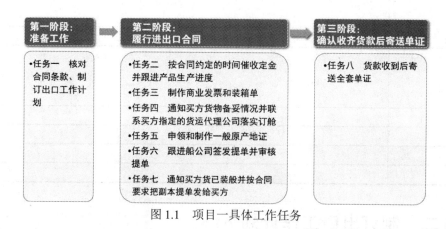

图 1.1 项目一具体工作任务

任务一 核对合同条款、制订出口工作计划

子任务一 核对合同条款

实训提示

卖方需要核对合同中有关商品品名、规格型号、数量、包装、贸易术语、支付方式、装运等内容，明确各项交易条件，为出口履约做好准备。

实际业务中，外贸从业者经常使用非标准书写方式，这一方面是传统习惯使然，另一方面也是为了录入方便，如将平方米（m²）写为 M2，立方米（m³）写为 M3 或 CBM，千克（kg）写为 kilos、kgs 或 KGS，件（piece）写为 PC 或 PCS、pcs（复数），箱（carton）写为 CTN 或 CTNS（复数）。本书引用的原始凭证对此类问题不予以纠正，同时建议读者熟记本书附录二"外贸单证常见英文释义"中的相关词汇及写法。另外，读者应特别注意英制、美制和国际单位制的长度、重量、容积计量单位的区别。

相对而言，英文大写字母更不容易被改动，故而单证中重要内容使用大写字母的情况较多。

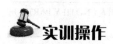

实训操作

仔细核对购货订单（P.O. NO. 226768）（单证 1.2）的主要条款，填写表 1.1。

表 1.1　购货订单（P.O. NO. 226768）的主要条款

品名（列出商品总称）	
规格型号和数量（列出具体的规格型号及对应的交货数量）	
贸易术语	
支付方式	
装运港	
目的港	
装运时间	
包装要求	

子任务二　制订出口工作计划

实训提示

卖方需要考虑本次业务采用的贸易术语和支付方式，依据合同的内容，以交货和收取货款为工作重心制订出口工作计划。让初学者制订出口工作计划的目的是让其熟悉出口履约过程，为以后有计划地开展出口工作做好准备。

操作演示

林科明确了订单的主要条款后，于订单盖章当天制订了一份详细的出口工作计划，如表 1.2 所示。

表 1.2　购货订单（P.O. NO. 226768）出口工作计划

序号	出口工作计划
1	7 月 20 日前落实收取订单总金额 30% 的定金（USD4,911.84）
2	收到定金后，联系买方落实对产品包装的要求
3	根据要求下单生产，跟进产品的生产进度，同时采购包装材料
4	制作商业发票和装箱单
5	通知买方货物备妥情况，请买方订舱，同时要跟买方确定提单的抬头（CONSIGNEE）、通知人（NOTIFY PARTY）及相关单证要求
6	联系卖方货运代理公司订集装箱并安排拖车，准备好相关单证请其代为报检报关，并由货运代理公司将货物运至装运港（SHANTOU）

续表

序号	出口工作计划
7	申请和制作原产地证
8	货物装船后跟进船公司签发提单并进行审核
9	通过电子邮件给买方发送电子版的商业发票、装箱单和副本提单，并把副本提单发给买方
10	催促买方电汇支付订单总金额 70% 的余款（USD11,460.96），收到余款后给买方寄送全套商业单证

 **课堂练习**

目的： 学会辨别以 FOB 术语成交时，买卖双方在报关、运输、保险方面的责任、费用划分。

题目： 我国某公司以 FOB SHENZHEN 条件出口一批货物，买方为韩国某公司。请在图 1.2 中标明出口报关、运输、保险、进口报关由谁负责（填写"卖方"或"买方"）。

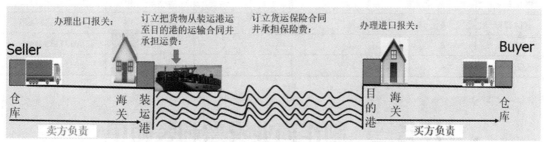

图 1.2　FOB 术语成交下买卖双方的责任划分

任务二　按合同约定的时间催收定金并跟进产品生产进度

子任务一　落实收取 30% 的定金

该订单的支付条件是"PAYMENT: THE BUYER MUST PAY 30% FOR DEPOSIT BEFORE 20th JULY 2022 BY T/T, 70% BALANCE BY T/T AGAINST COPY B/L WITHIN 5 DAYS."（买方必须在 2022 年 7 月 20 日前电汇 30% 的货款作为定金，其余 70% 的货款在收到副本提单后 5 日内电汇。）

根据该订单的规定，买方必须通过电汇方式先支付 30% 的定金。业务员林科到公司财务部门确认，公司已于 2022 年 7 月 18 日收到买方 SUEKATE CHRISTMAS SRL30% 的电汇货款。接下来林科要联系买方落实其对产品包装的要求，随后着手安排该订单产品的生产。

子任务二 明确产品包装要求并跟进产品生产进度

7 月 25 日，买方发来包装要求和包装设计方案。林科根据订单的要求与生产车间主任明确产品种类、质量、数量、交货时间等要求，并下单生产。按生产部门的生产计划，该订单的产品可于 9 月 3 日完成生产和包装。同时，根据买方的包装要求，林科制定了产品的包装明细，然后根据纸箱的尺寸到包装工厂下单生产纸箱，表 1.3 是该笔订单的产品包装明细。8 月 25 日包装材料完成生产并入库。

表 1.3 购货订单（P.O. NO.226768）的产品包装明细

Item No.	Packing			CTN Size	Barcode
	pcs/bag	Bags/inner bag	Inner bags/CTN	(cm × cm × cm)	
GA182	3	16	2	36 × 33 × 30	8033113544439
GA137	4	16	2	41 × 28 × 30	8033113544415
GA244	4	16	2	38 × 24 × 30	8033113544422
GA227	4	16	2	30 × 28 × 38	8033113544446
GA186	3	16	2	48 × 32 × 28	8033113544460
GA83	4	16	2	34 × 30 × 30	8033113544477

任务三 制作商业发票和装箱单

实训提示

商业发票（Commercial Invoice）是进出口货物贸易中最主要、最基本的单证之一，是卖方向买方开立的载有货物名称、数量、价格等内容的价目清单。在实际业务中，其可作为买卖双方交接货物、结算货款、记账的凭证，也是双方进出口报关完税不可缺少的单证之一。

装箱单（Packing List）、重量单（Weight List）、尺码单（Measurement List）这些单证属于包装单证，是商业发票的补充和说明。包装单证便于买方在货物到达目的港（地）时核对货物的品种、花色、规格和便于海关查验货物。

操作演示

9 月 4 日，林科根据实际的装货情况制作了该笔业务的商业发票（单证 1.3）和装箱单（单证 1.4）。

有关产品毛重（G.W.）和净重（N.W.）情况如下（单位 kg）：GA182，G.W. 686/N.W. 506；GA137，G.W. 665/N.W. 545；GA244，G.W. 920/N.W. 720；GA227，G.W. 926/N.W. 726；GA186，G.W. 504/N.W. 406；GA83，G.W. 669/N.W. 548。

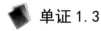 单证 1.3

购货订单（P.O. NO. 226768）的商业发票

ENJOY STAR LIFESTYLE CULTURAL CO., LTD.

LIANSHANG INDUSTRIAL PARK, CHENGHAI, SHANTOU CITY, GUANGDONG PROVINCE, CHINA

COMMERCIAL　INVOICE

BUYER: SUEKATE CHRISTMAS SRL
　VIA MOTTOLA, ZONE INDUSTRIAL RSLE 286,
　74105 MARTINA FRANCA (TA)

INVOICE NO.: ES20162
DATE: SEPT. 4, 2022
FROM: SHANTOU　　　　TO: BARI, ITALY

Item No.	Description of Goods	PACKAGE PER CTN	Unit price (USD/PC)	QTY (PCS)	Amount (USD)
	PLASTIC TABLEWARE　H.S. CODE 392410　FOB SHANTOU				
GA182	COPPETTA PLASTICA ESAGONALE 3 PZ ROSSO	3 PCS/BAG × 32 BAGS	0.195	11,520	2,246.4
GA137	COPPETTA PLASTICA 4 PZ ROSSO	4 PCS/BAG × 32 BAGS	0.195	11,520	2,246.4
GA244	COPPETTA PLASTICA STELLA 4 PZ ROSSO	4 PCS/BAG × 32 BAGS	0.19	19,200	3,648.00
GA227	COPPETTA PLASTICA FIORE 4 PZ ROSSO	4 PCS/BAG × 32 BAGS	0.20	19,200	3,840.00
GA186	COPPETTA PLASTICA TRIANGLARE 3 PZ ROSSO	3 PCS/BAG × 32 BAGS	0.215	8,640	1,857.6
GA83	COPPETTA PLASTICA ONDA 4 PZ ROSSO	4 PCS/BAG × 32 BAGS	0.22	11,520	2,534.4
		TOTAL:		81,600	16,372.8
		DEDUCT DEPOSIT:			4,911.84
		BALANCE:			11,460.96

SAY TOTAL: U.S. DOLLARS SIXTEEN THOUSAND THREE HUNDRED AND SEVENTY TWO AND EIGHTY CENTS ONLY.

SHIPPING MARKS: N/M

【知识补充】

商业发票填写说明

（1）商业发票的开票人。商业发票一般由卖方开立，卖方在开立商业发票时一般会在发票顶端显示卖方的公司名称、地址、电话、传真等内容。

（2）Buyer/To（抬头）。汇款和托收方式下，本栏一般填写合同或订单中的买方。

（3）Invoice No.（商业发票号码）。本栏由卖方自行编制。

（4）Invoice Date（商业发票日期）。本栏由卖方按实际开立时间填写。

（5）From…To…（运输路线）。From 后面填写装运港/地，To 后面填写目的港/地。

（6）Description of Goods（品名）、Item No./Style No.（规格型号）。本栏根据买卖合同或订单的规定填报商品品名，如有总称，应先注明总称，然后逐项列明每一个规格型号对应的品名。

（7）Package（包装）。本栏按实际包装情况填写，可填报包装方式。包装的内容不是商业发票的必要记载事项，开立商业发票时可不设置该栏目。

（8）Unit Price（单价）、QTY/Quantity（数量）和 Amount（总值）。相关数据必须准确。单价和总值要标明计价货币，注意在其中一个栏目列明贸易术语；数量栏要标明计量单位；每一行的总值是对应的单价和数量的乘积。

（9）Shipping Marks（唛头）。唛头即运输标志，单证上记载的要与实际包装上标明的一致，如无唛头，可标明"N/M"。

（10）Total（小计）。本栏填写所有规格型号的产品汇总的总数量、总金额。本笔业务卖方在交货前已经收取了 30%的定金，为了明确后续需要收取的款项，可以在小计金额下面记载扣除定金（deduct deposit）和余款（balance）。

（11）Say Total（总金额大写）。本栏用英文大写说明总金额，必须与阿拉伯数字表示的总金额一致。

（12）商业发票的盖章和签名。按一般习惯，卖方可在商业发票右下角盖公司章和由制单负责人签名。

 单证1.4

购货订单（P.O. NO. 226768）的装箱单

ENJOY STAR LIFESTYLE CULTURAL CO., LTD.
LIANSHANG INDUSTRIAL PARK, CHENGHAI, SHANTOU CITY, GUANGDONG PROVINCE, CHINA
PACKING LIST

BUYER: SUEKATE CHRISTMAS SRL VIA MOTTOLA, ZONE INDUSTRIAL RSLE 286, 74105 MARTINA FRANCA (TA)					INVOICE NO.: ES20162 DATE: SEPT. 4, 2022 FROM: SHANTOU TO: BARI, ITALY			
Item No.	Barcode	Description	PACKAGE PER CTN	QTY (PCS)	PACKAGES (CTNS)	G.W. (kg)	N.W. (kg)	Meas. (m³)
PLASTIC TABLEWARE H.S. CODE 392410								
GA182	8033113544439	COPPETTA PLASTICA ESAGONALE 3 PZ ROSSO	3 PCS/BAG × 32 BAGS	11,520	120	686	506	4.28
GA137	8033113544415	COPPETTA PLASTICA 4 PZ ROSSO	4 PCS/BAG × 32 BAGS	11,520	90	665	545	3.10
GA244	8033113544422	COPPETTA PLASTICA STELLA 4 PZ ROSSO	4 PCS/BAG × 32 BAGS	19,200	150	920	720	4.11
GA227	8033113544446	COPPETTA PLASTICA FIORE 4 PZ ROSSO	4 PCS/BAG × 32 BAGS	19,200	150	926	726	4.79
GA186	8033113544460	COPPETTA PLASTICA TRIANGLARE 3 PZ ROSSO	3 PCS/BAG × 32 BAGS	8,640	90	504	406	3.87
GA83	8033113544477	COPPETTA PLASTICA ONDA 4 PZ ROSSO	4 PCS/BAG × 32 BAGS	11,520	90	669	548	2.76
TOTAL:				81,600	690	4,370	3,451	22.91

SAY TOTAL: SIX HUNDRED AND NINETY CARTONS ONLY.

SHIPPING MARKS: N/M

喜月星
生活文化用品
有限公司

【知识补充】

装箱单填写说明

对于不同特性的货物，买方关注的方面不同。装箱单着重表示外包装情况，包括装箱编号、包装种类、包装数量等包装细节；重量单着重强调每件货物的毛重和净重，整批货物的总毛重和总净重等；尺码单着重记载货物外包装的长、宽、高和总体积，供买方和承运人了解货物的尺码，以便合理安排运输、储存及计算运费。

为了简化，卖方通常将货物的外包装资料，包括包装细节、毛重、净重、外包装尺码等内容列在同一张单证上，根据客户的需要冠以不同的单证名称。

（1）装箱单的出单人。本栏要与商业发票的开票人一致。

（2）Buyer. 本栏要与商业发票的抬头一致。

（3）Invoice No.. 本栏要填写同笔业务的商业发票号码。

（4）Date. 本栏由卖方按实际开立时间填写，一般与商业发票的开立时间一致。

（5）From…To…. 本栏要与商业发票一致。

（6）Description of Goods、Item No./Style No.、QTY. 这几栏要与商业发票一致。

（7）Package. 装箱单中有关包装的说明，一般应包括包装方式（Package per CTN）和总包装数（Number and kind of package/Packages）。包装方式按实际包装情况填写，并按交货数量核算总包装数，注意要标明包装单位。

（8）G.W.. 本栏需标明计重单位，可以直接填报每一种产品的总毛重；也可以分两行填报两个数据，第一行填报单位包装毛重，如 "20kgs/CTN" 或 "@20kgs"，第二行填报总毛重（用单位包装毛重乘以总包装数计算得出）。

（9）N.W.. 本栏与毛重的填报方法相同。

（10）Meas./Measurement（尺码/体积）。本栏需标明体积计量单位，可以直接填报每一种产品的总体积；也可以分两行填报两个数据，第一行填报单位包装尺码/体积，如 "20cm × 30cm × 40cm/CTN" 或 "@0.024m^3"，第二行填报总体积（用单位包装体积乘以总包装数计算得出）。

（11）Total. 本栏填写所有规格型号的产品汇总的总数量、总包装数、总毛重、总净重和总体积。

（12）Say Total. 本栏用英文大写说明总包装数，必须与阿拉伯数字表示的总包装数一致。

（13）Shipping Marks. 本栏要与商业发票一致。

（14）装箱单的盖章和签名。按一般习惯，卖方可在装箱单右下角盖公司章和由制单负责人签名。

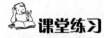 **课堂练习**

目的：学会大写金额的英文规范表述方式。

题目：请用大写英文表述下列金额。

1. USD2,368.00 _____

_____

2. EUR13,989.20 _____

_____

3. GBP360,587.65 _____

_____

4. JPY2,598,630 _____

_____

任务四 通知买方货物备妥情况并联系买方指定的货运代理公司落实订舱

子任务一 通知买方货物备妥情况

根据购货订单（P.O. NO. 226768）的规定，该笔业务采用 FOB SHANTOU 价格成交，需要买方安排把货物从装运港运至目的港的运输事宜。林科于 2022 年 8 月 29 日给买方发送了一封电子邮件（见图 1.3），通知其货物备妥的情况，请买方及时安排运输，落实船公司、船名/航次、航期等事项后，及时告知卖方，以便卖方能及时安排出货，完成出口所需的报检报关、原产地证认证等事项。

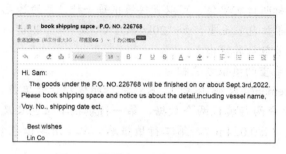

图 1.3 林科发给买方的电子邮件

子任务二 联系买方指定的货运代理公司落实订舱

实训提示

订舱委托书是外贸企业（卖方或买方）委托专业的国际货运代理公司办理国际货物运输订舱手续时填报的一张单证，它可以作为外贸企业与国际货运代理公司签订的一份书面运输合同。国际货运代理公司根据订舱要求向船公司提出订舱，落实船期和舱位后，国际货运代理公司通知外贸企业已订舱。外贸企业或国际货运代理公司要将货物按规定的时间送达指定码头仓库。

操作演示

2022 年 9 月 4 日，买方指定的货运代理公司发来一份空白的订舱委托书。随后林科联系买方，与其确定提单的抬头（CONSIGNEE）、通知人（NOTIFY PARTY）及相关单证要求。买方回复提单抬头和通知人均为买方公司。林科按订单要求和买方的要求填写了订舱委托书（单证 1.5）并发给买方指定的货运代理公司，以便其与船公司及时落实船期和舱位。

单证 1.5

订舱委托书
CARGO SHIPPING INSTRUCTIONS

Shipper （托运人） ENJOY STAR LIFESTYLE CULTURAL CO., LTD. LIANSHANG INDUSTRIAL PARK, CHENGHAI, SHANTOU CITY, GUANGDONG PROVINCE, CHINA TEL: +86 754 851×××88/857×××86　FAX: + 86 851×××86 E-MAIL: LI×××HP@GFS.COM	Jet Global Cargo Ltd. 上海佑鸿国际物流有限公司汕头分公司 Tel: +86 754 866×××82 Fax: +86 754 866×××56

Consignee （收货人） SUEKATE CHRISTMAS SRL VIA MOTTOLA, ZONE INDUSTRIAL RSLE 286, 74105 MARTINA FRANCA (TA)	

Also Notify（通知人）
SUEKATE CHRISTMAS SRL
VIA MOTTOLA, ZONE INDUSTRIAL RSLE 286, 74105 MARTINA FRANCA (TA)
TEL: + 39/80/48×××15
E-MAIL: SAM.D×××@GRUPPOS.COM

Place of receipt （收货地点） SHANTOU	Port of loading （装运港） SHANTOU	Ocean Freight Pre-paid ☐ Collect ☑	Local Charge Pre-paid ☐ Collect ☐
Port of discharge （卸货港） BARI, ITALY	Final destination （目的地） BARI, ITALY	Cargo readiness time （货物备妥时间） 2022-09-03	Through B/L issued place（出单地） SHANTOU

Marks & Numbers and *No of Pkgs* （唛头及包装件数） N/M 690CTNS	Description of Goods （提供中英文商品名称） PLASTIC TABLEWARE 塑料餐具	Gross Weight/Measurement （毛重/体积） （kg/m³） 4,370kgs 22.91m³

整柜（FCL）：　1　×20'GP,　　　×40'GP,　　　×40'HQ,　　　×45'HQ
拼柜（LCL）：

提供到门之 客户请填写	收货地点（中文）	联系人及电话	做柜日期/时间

备注： 货物的实际重量必须和订舱时的货物重量相吻合，若因虚报重量而产生船公司退载费用或罚款，一律由订舱人全额负担。本公司将保留法律追诉权。	We hereby guarantee payment of all freight collect charges due to the forwarders or the carrier if the shipment is abandoned, refused by the consignee, returned at our request. Confiscated by the customs or for any other reason cannot be delivered within a reasonable time.
	SIGNATURE AND STAMP OF SHIPPER Date: 2022-09-04

【知识补充】

订舱委托书填写说明

1. Shipper（托运人），是指与承运人签订运输合同或把所托运的货物交付给承运人的当事人，一般填写卖方。注意，此栏要填写托运人公司名称、详细的地址、电话等联系方式。

2. Consignee（收货人），也称为抬头。此栏目在实际业务中一般有两种填写方法。

（1）记名抬头。记名抬头是指在收货人栏内具体填写收货人的名称，货物只能交给记名的收货人。记名抬头一般填写买方公司名称、详细的地址。

（2）指示抬头。指示抬头即收货人栏内只填写"凭指定"（to order）或"凭某人指定"（to order of…）字样。

此栏目具体如何填写，非信用证方式结算的情况下，需要卖方跟买方在订舱环节确认清楚或在买卖合同中做出明确规定。采用100%前T/T方式结算货款，卖方只要在交货前或寄送全套单证（包括提单）前收齐整笔货款，如果买方不需要转让提单，一般可以填写记名抬头。

3. Also notify/Notify party（通知人），是货物到达目的港后船方发到货通知的对象，通常是买方或其代理人。注意，要填写详细的名称、地址、电话等联系方式。

4. Place of receipt（收货地点），是指承运人收取托运人交付货物的地点，一般与装运港一致。

5. Port of loading（装运港），是指货物起始装运的港口，按合同或订单要求填写，或按实际装运的港口填写。

6. Port of discharge（卸货港），是指海运承运人终止运输责任的港口。如果运输途中涉及转运，该栏目可以填写转运港口。

7. Final destination（目的地），是指承运人交付货物的地点，按合同或订单要求填写。如果承运人在卸货港把货物交付给买方，则目的地与卸货港一致。

8. Ocean freight（海运运费），支付方式有预付（FREIGHT PREPAID）和到付（FREIGHT COLLECT）两种选择。如合同采用FOB和FAS等价格条件成交，由买方负责订舱和承担海运运费，应选择到付；如合同采用CIF、CFR和CIP、CPT等价格条件成交，由卖方负责订舱和承担海运运费，应选择预付。

9. Local charge（当地费用），实际业务中该栏一般不用填写。

10. Cargo readiness time（货物备妥时间），是指卖方备妥货物的时间。

11. Through B/L issued place（出单地），是指提单的出单地点，一般填写装运港。

12. Marks & Numbers and No of Pkgs（唛头及包装件数）。唛头可以由买方规定，或由卖方自行设计。如果没有唛头，则填写"N/M"（即 no mark）。包装件数即填写货物的总包装数，同时要注明包装单位。

13. Description of Goods，填写商品的中英文详细名称。

14. Gross weight/Measurement（毛重/体积），按工厂提供的包装情况核算商品的总毛重和总体积，然后填报核算出来的数据。

15. FCL/LCL（整柜/拼柜），根据预估的毛重和体积，此处要选择货物是整箱装（整柜）或是拼箱装（拼柜）。如是整箱装，则需要确定选择何种尺寸的集装箱，并填报集装箱数量。

**课堂练习**

根据表 1.4 中的产品信息,结合通用集装箱的规格及载重说明(见表 1.5),请核算产品总毛重和总体积,并选配合适规格的集装箱装载货物,完成表 1.4。

表 1.4 产品信息

产品	总数量	包装方式	包装箱尺寸 (cm×cm×cm)	每箱毛重 (kg)	总毛重 (kg)	总体积 (m³)	选配集装箱
产品 1	5,000 件	每箱 10 件	45×40×35	25			
产品 2	1,000 台	每台装一箱	60×60×50	75			
产品 3	30,000 罐	6 罐装一箱	30×20×15	10			

表 1.5 通用集装箱的规格及载重说明

集装箱箱型	箱内尺寸(m×m×m)	最大载重(kg)	内容积(m³)
20 英尺货柜(20'GP)(20' × 8' × 8'6")	5.898×2.352×2.391	28,270	33.2
40 英尺货柜(40'GP)(40' × 8' × 8'6")	12.031×2.352×2.391	26,650	67.7
40 英尺加高货柜(40'HQ)(40' × 8' × 9'6")	12.031×2.352×2.698	26,500	76.3
45 英尺加高货柜(45'HQ)(45' × 8' × 9'6")	13.544×2.352×2.698	28,680	86.0

注:1 英尺等于 0.3048 米,余同。

说明: 表 1.5 中技术参数只供参考,并不具有普遍性。因为即使是同一规格的集装箱,结构和制造材料不同,其技术参数也会略有差异。

子任务三 委托货运代理公司办理报关

2022 年 9 月 5 日,买方指定的货运代理公司回复林科,已跟船公司 Mariana Express Lines Pte Ltd.落实了船舶和舱位,装运港是汕头,装货时间预定是 9 月 13 日。

接着,林科联系卖方货运代理公司预订 1 个 20 英尺的干货集装箱并安排拖车。9 月 10 日,林科按订单规定的数量和表 1.3 的包装明细要求完成货物的装柜,并由货运代理公司把货物运到装运港(SHANTOU)。卖方货运代理公司向中国电子口岸报关系统输入报关信息并顺利通过审核,报关工作完成。装载该批货物的集装箱号码及铅封号分别是 MEDU1236589 和 FEJ2358762。

任务五 申领和制作一般原产地证

知识回顾

原产地证是由出口国或地区的特定机构出具的证明其出口货物为该国家或地区原产的一种证明文件。该证书需由卖方向出口国或地区的特定机构申领。原产地证的作用主要有:一是原产地证是保证货物在进口国或地区能顺利通关的重要文件;二是进口国或地区海关根据原产地证判断进口商品的来源地，以便确定货物适用的进口关税种类和关税税率；三是原产地证是进口国或地区海关进行贸易统计的重要依据。常见的原产地证有一般原产地证（Certificate of Origin of the People's Republic of China，CO）及其他各种优惠性原产地证。

 **操作演示**

2022 年 9 月 12 日，林科向中国国际贸易促进委员会申领一般原产地证。林科根据本笔业务的商业发票、装箱单等资料及一般原产地证的填写说明完成了单证 1.6 的填报。

 单证 1.6

购货订单（P.O. NO. 226768）的一般原产地证

1.Exporter ENJOY STAR LIFESTYLE CULTURAL CO., LTD. LIANSHANG INDUSTRIAL PARK, CHENGHAI, SHANTOU CITY, GUANGDONG PROVINCE, CHINA		Certificate No. **CERTIFICATE OF ORIGIN OF THE PEOPLE'S REPUBLIC OF CHINA**		
2.Consignee SUEKATE CHRISTMAS SRL VIA MOTTOLA, ZONE INDUSTRIAL RSLE 286, 74105 MARTINA FRANCA (TA) ITALY				
3.Means of transport and route FROM SHANTOU CHINA TO BARI ITALY BY SEA ON OR ABOUT SEPT. 13, 2022		5.For certifying authority use only		
4.Country/region of destination ITALY				
6.Marks and numbers N/M	7.Number and kind of packages; description of goods SIX HUNDRED AND NINETY (690) CTNS OF PLASTIC TABLEWARE. **	8.H.S.Code 3924.10	9.Quantity 81,600 PCS	10.Number and date of invoices ES20162 SEPT. 4, 2022
11.Declaration by the exporter 　　The undersigned hereby declares that the above details and statements are correct, that all the goods were produced in China and that they comply with the Rules of Origin of the People's Republic of China. SHANTOU SEPT. 12, 2022 -- Place and date, signature and stamp of authorized signatory		12.Certification 　　It is hereby certified that the declaration by the exporter is correct. -- Place and date, signature and stamp of certifying authority		

【知识补充】

一般原产地证填写说明

（1）Exporter（卖方）。卖方即进出口合同的卖方或信用证受益人。本栏通常填写卖方的详细名称和地址，包括国家（地区）名。

（2）Consignee（收货人）。本栏应填最终收货人的名称、地址和国家（地区）名。根据情况，收货人可以是进出口合同的买方、信用证的开证申请人、提单通知人、信用证规定的特定收货人。

（3）Means of transport and route（运输方式和路线）。本栏填写装运港、目的港和运输路线，一般还应加注预计船舶起航的时间，如"ON/AFTER NOV.12, 2021 FROM GAOMING CHINA TO JAKARTA , INDONESIA BY SEA"。

（4）Country/region of destination（目的地所在国或地区）。本栏填写目的地或目的港所在国家或地区名称，即最终收货人所在国家或地区名称。

（5）For certifying authority use only（仅供签证机构使用）。本栏由签证机构在签发后发证书、重发证书或加注其他声明时使用。证书申领单位应将此栏留空。

（6）Marks and numbers（唛头及包装编号）。本栏应与商业发票、装箱单、提单保持一致。

（7）Number and kind of packages; description of goods（包装件数和种类；商品名称）。本栏所填写的商品名称应与商业发票中所用的名称一致。包装件数必须同时用英文和阿拉伯数字表示，如"THIRTY EIGHT (38) CTNS OF MASSAGE TUB"。如是散装货物，填写"IN BULK"。在完成上述信息填报后，应在下一行加注结束符号"*** *** ***"。商品名称必须明确具体，不得用概括性的表述，如服装（GARMENT），填报时必须分类，说明是男装衬衣还是女装裙子等。如信用证有要求填报其他信息，如产品制造商的信息、合同号、信用证号等，可在结束符号下方填报相应的信息。

（8）H.S Code（商品编码）。本栏要求填写我国进出口商品的商品编码，不少于4位，必须是偶数，并与报关单一致。如果一证书包含几种商品，则应将相应的商品编码全部填写。此栏不得留空。

（9）Quantity（数量）。数量按商品的计量单位填写，以重量为单位的应说明毛重或净重。

（10）Number and date of invoices（发票号码及日期）。本栏按照申请出口货物的商业发票填写，发票日期不得迟于实际出货日期。发票日期按月、日、年顺序填写，月份用英文缩写。一份证书只能对应一张商业发票。

（11）Declaration by the exporter（卖方声明）。卖方声明事先已经印制，内容如下：The undersigned hereby declares that the above details and statements are correct, that all the goods were produced in China and that they comply with the Rules of Origin of the People's Republic of China.（兹卖方声明以上所列内容正确无误，本批出口商品为中国生产，完全符合中华人民共和国货物原产地标准。）在本栏仅填入申报地点和日期，加盖申请单位章，并由经办人签名。西方文化注重签名，一般签名与图章不重叠，东方文化更注重印章，图章经常盖住单位名和签发日期，外贸单证在此方面一般不甚讲究。此栏日期不得早于商业发票日期。

（12）Certification（签证机构证明）。签证机构证明事先已经印制，内容如下：It is hereby certified that the declaration by the exporter is correct.（兹证明卖方的声明是正确无误的。）签证机构在该栏空白处盖章并由授权人签名，同时注明签证日期和地点，签证日期不得早于商业发票日期。

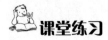 **课堂练习**

请描述一般原产地证在我国的应用场景，即说明企业从我国出口商品到哪些国家或地区目前只能申请一般原产地证，请列举至少5个国家或地区。

任务六　跟进船公司签发提单并审核提单

知识回顾

海运提单（ocean bill of lading，B/L）简称提单。《中华人民共和国海商法》第七十一条规定：提单，是指用以证明海上货物运输合同和货物已经由承运人接收或者装船，以及承运人保证据以交付货物的单证。提单所涉及的当事人主要有承运人、托运人、收货人等。其中，承运人通常是指与托运人签订运输合同或承担运输任务的船公司，托运人是指与承运人签订运输合同或将货物交给承运人的人，收货人是指有权提取货物的人。

海运方式下，提单是买方提货的重要凭证，船公司或其代理人签发提单后，卖方需要审核提单上记载的内容是否与托运的实际情况相符。如需修改，需在正本提单正式签发前提出。

在国际贸易业务中，根据提单上记载的内容，可以从不同的角度对提单加以分类，主要有以下几种分类方式。

1. 按货物是否已装船分类

按货物是否已装船分类，提单可分为已装船提单和备运提单。

（1）已装船提单（shipped or on board B/L），是指货物装船后，由承运人签发给托运人的提单，它必须载明装货船名和装船日期。提单上记载的装船日期表明了装货完毕的日期，该日期应完全符合买卖合同规定的装运时间。由于已装船提单对收货人按时收货有保障，因此，在买卖合同中一般都规定卖方须提供已装船提单。

（2）备运提单（received for shipment B/L），又称收讫待运提单，是承运人在收到托运货物等待装船期间，向托运人签发的提单。

2. 按提单有无不良批注分类

按提单有无不良批注分类，提单可分为清洁提单和不清洁提单。

（1）清洁提单（clean B/L），是指交运货物的"外表状况良好"（in apparent good order and condition），承运人在提单上未加任何有关货损或包装不良之类批注的提单。在买卖合同中，一般都明确规定卖方提供的已装船提单必须是清洁提单，银行也只接受清洁提单，所以卖方只有提交了清洁提单，才能取得货款。

（2）不清洁提单（unclean B/L or foul B/L）。承运人为了保护自身利益，在托运货物的外表状况不良或件数、重量与提单记载不符时，会在提单上加注批语，如"铁条松散"（iron-strap loose or missing）、"××件损坏"（×× packages in damaged condition）等。凡承运人加注了这类表明货物外表状况不良或存在缺陷等批语的提单，称为不清洁提单。银行为了自身的安全，对不清洁提单，除信用证明确规定可接受外，一般都拒绝接受。

3. 按提单抬头分类

按提单抬头分类，提单可分为记名提单、不记名提单和指示提单三种。

（1）记名提单（straight B/L），是指在提单收货人栏内填写特定收货人名称的提单。此种提单不能背书（endorsement）转让，货物只能交给提单上填写的特定收货人。根据某些国家的习惯，承运人签发记名提单，记名收货人只凭身份证明而无须出示正本提单即可提货，此时，该提单就失去了物权凭证的作用。

记名提单一般用于买方预付货款的情况。如合同规定：The buyer must pay 100% of invoice value 10 days before shipment by T/T.（买方必须在装运前 10 天通过电汇支付 100%的货款。）或者合同规定：The buyer must pay ××% for deposit by T/T before ×××, ××% balance must pay 5 days before shipment by T/T.（买方必须在××年×月×日前通过电汇方式支付××% 的货款作为定金，其余××%货款在装运前 5 天通过电汇支付。）

（2）不记名提单（bearer B/L），是指在提单收货人栏内不填写收货人或指示人的名称而留空，或只写明"货交来人（to bearer）"的提单。提单持有人不做任何背书，就能凭提单转让货物所有权或提取货物，承运人只凭提单交货。由于这种提单风险较大，故国际贸易业务中一般极少使用。

（3）指示提单（order B/L），是指在提单收货人栏内只填写"凭指定（to order）"或"凭某人指定"（to order of…）字样的一种提单。这种提单经过背书才可以转让，通过转让可以实现买卖仍在运输途中货物的目的。这种提单有利于资金周转，故在国际贸易业务中使用较多。

4. 按运输方式分类

按运输方式分类，提单可分为直达提单、转船提单和联运提单。

（1）直达提单（direct B/L），是指从装运港将货物直接运抵目的港所签发的提单。如合同和信用证规定了不准转运，托运人必须在取得直达提单后，方可向银行结汇。

（2）转船提单（transshipment B/L），是指载货船舶不直接驶往目的港，需在途中某港将货物换装另一艘船舶时所签发的包括全程运输的提单。转船提单中一般会注明"在某港转船"（with transshipment at …）字样。

（3）联运提单（through B/L），是指货物需经两种或两种以上的运输方式才能运抵目的港，而其中第一程为海运时由第一程承运人所签发的提单。联运提单用于海陆联运、海空联运或海海联运。

5. 按提单内容的繁简分类

按提单内容的繁简分类，提单可分为全式提单和略式提单。

（1）全式提单（long form B/L），是指通常应用的带有背面条款的提单。这种提单除在其正面列明必要的项目外，在其背面还列有各项有关装运的条款，以表明承运人和托运人的权利与义务。

（2）略式提单（short form B/L），是指不带背面条款，仅保留其正面的必要项目的提单。这种提单上一般都印有"本提单货物的收受、保管、运输和运费等项，均按本公司全式提单上的条款办理"字样。

6. 按提单使用的效力分类

按提单使用的效力分类，提单可分为正本提单和副本提单。

（1）正本提单（original B/L），是指有承运人、船长或他们的代理人签字盖章，注明签发日期并标明"正本"（original）字样的提单。正本提单在法律上和商业上都是公认的物权凭证，是提货的依据，可流通转让。大多数船公司都会签发三份正本提单，凭其中一份提货后，其余各份均告失效。

（2）副本提单（non-negotiable or copy B/L），是指没有承运人、船长或他们的代理人签字盖章，一般都标明"Copy"或"Non-Negotiable"字样的提单。副本提单仅供内部流转、业务工作参考及企业确认装船信息使用。

 **操作演示**

9 月 13 日货物在装运港 SHANTOU 顺利完成装船，船公司按实际装货情况和订舱委托书的要求签发海运提单并发给卖方审核，卖方审核无误后船公司于 9 月 14 日签发正本海运提单一式三份（单证 1.7）。装载此批货物的船舶是 MANILA V.HK256，提单号为 CNSZ015896，装载该批货物的集装箱号码及铅封号分别是 MEDU1236589 和 FEJ2358762。PACIFIC INTERNATIONAL LINES (CHINA) LTD. SHANTOU BRANCH[太平洋船务（中国）有限公司汕头分公司]作为承运人的代理人签发了本提单。

 单证 1.7

海运提单

1) Shipper ENJOY STAR LIFESTYLE CULTURAL CO., LTD. LIANSHANG INDUSTRIAL PARK, CHENGHAI, SHANTOU CITY, GUANGDONG PROVINCE, CHINA	9) B/L NO. CNSZ015896 ORIGINAL BILL OF LADING
2) Consignee SUEKATE CHRISTMAS SRL VIA MOTTOLA, ZONE INDUSTRIAL RSLE 286, 74105 MARTINA FRANCA (TA)	Mariana Express Lines Pte Ltd. (incorporated in Singapore) PACIFIC ASIA EXPRESS PTY. LTD. SYDNEY LEVEL 8, 447 KENT STREET, SYDNEY NSW 2000 SYDNEY, AUSTRALIA
3) Notify Party SUEKATE CHRISTMAS SRL VIA MOTTOLA, ZONE INDUSTRIAL RSLE 286, 74105 MARTINA FRANCA (TA) TEL: ＋39/80/48×××15 E-MAIL: SAM.D×××@GRUPPOS.COM	

4) Place of Receipt	5) Port of Loading SHANTOU, CHINA
6) Port of Discharge BARI, ITALY	7) Place of Delivery
8) Ocean Vessel Voyage No. MANILA V.HK256	

10) Marks & Numbers; Kind of Pkgs; Description of Goods; Container No. and Seal No.	11) G.W. (kg)	12) Measurement (m³)

N/M   690 CTNS OF PLASTIC TABLEWARE
        MEDU1236589 1 × 20' DC
        SEAL NO. FEJ2358762
 	
SHIPPED ON BOARD DATE SEPT. 13, 2022
	4,370kgs	22.91m³

13) Total Number of Containers Or Packages(in words)	ONE TWENTY FOOT DRY CONTAINER ONLY	
14) Freight & Charges FREIGHT COLLECT	Prepaid	Collect

15) Prepaid at	16) Payable at BARI, ITALY	18) Place and Date of Issue SHANTOU SEPT. 13, 2022
Total Prepaid	17) No. of Original Bills of Lading THREE (3)	

19) For the Carrier Mariana Express Lines Pte Ltd.

PACIFIC INTERNATIONAL LINES (CHINA) LTD. SHANTOU BRANCH
太平洋船务（中国）有限公司汕头分公司
By＿＿＿＿＿＿＿＿＿＿＿＿＿＿＿＿＿＿＿＿＿＿＿＿＿
As Agents for and on behalf of the Carrier
Mariana Express Lines Pte Ltd.

【知识补充】

海运提单填写说明

（1）第 1～7 栏的填写与订舱委托书一致。

（2）Ocean Vessel Voyage No.（船名和航次）。

（3）B/L NO.（提单号）。

（4）Marks & Numbers; Kind of Pkgs; Description of Goods; Container No. and Seal No.（唛头及包装件数、包装种类、商品名称、集装箱号和铅封号）。唛头、包装件数、包装种类要与商业发票和装箱单保持一致。商品名称可不用列明明细，填报商品总称即可。此外要列明装载货物的所有集装箱箱号和铅封号，同时，一般还要标明集装箱箱数、集装箱尺码和集装箱种类，如"2×20′DC"。

（5）G.W. (kg)；Measurement (m³)。总毛重和总体积，与装箱单的数据保持一致。注意，承运人一般需要在第 10～12 栏空白位置标明已装船批注，如"SHIPPED ON BOARD DATE SEPT. 13, 2022"。有些承运人也会在单证上标明"SHIPPER'S LOAD & COUNT SAID TO CONTAIN"，该声明表明托运人负责装箱和计数，提单上所记载的商品名称、数量等是托运人提供的，承运人对此不负责任。

（6）Total Number of Containers Or Packages(in words)[集装箱总数或包装总数（大写）]。如是整箱货，建议填报集装箱总数，如"TWO TWENTY FOOT CONTAINERS ONLY"。如是拼箱货，建议填写包装总数，如"ONE HUNDRED AND FIFTY SEVEN CARTONS ONLY"。

（7）Freight & Charges（运费与附加费）。本栏标明运费预付（FREIGHT PREPAID）或到付（FREIGHT COLLECT），要与订舱委托书保持一致。

（8）Prepaid at（运费预付地点）；Payable at（运费到付地点）。运费预付地点，一般填写装运港。运费到付地点，一般填写目的港。这里需要根据第 14 栏的填写情况选择其中一栏填写。如果第 14 栏填写了 FREIGHT PREPAID，则在 Prepaid at 栏填写装运港；如果第 14 栏填写了 FREIGHT COLLECT，则在 Payable at 栏填写目的港。

（9）No. of Original Bills of Lading（正本提单份数）。本栏填写船公司为承运此批货物签发的正本提单份数，一般是 3 份，也可以是 2 份或 1 份，如"THREE (3)"。

（10）Place and Date of Issue（签发地点和日期）。签发地点一般为承运人实际装运的地点，即装运港（地）；签发日期一般以实际装运日期为准。提单的签发日期将被视为发运日期，除非提单载有表明发运日期的已装船批注，此时已装船批注中显示的日期将被视为发运日期。

（11）Issue by（提单的签署）。根据《UCP600》的规定，提单必须由下列人员签署：承运人或其具名代理人，或者船长或其具名代理人。承运人、船长或代理人的任何签字必须标明其承运人、船长或代理人的身份。代理人的任何签字必须标明其系代表承运人还是代表船长签字。海运提单签发方式参见表 1.6。

表 1.6　海运提单签发方式

提单的签发人	表达方式示例
承运人	Mariana Express Lines Pte Ltd. as Carrier

续表

提单的签发人	表达方式示例
承运人的代理人	PACIFIC INTERNATIONAL LINES (CHINA) LTD. SHANTOU BRANCH As Agents for and on behalf of the Carrier Mariana Express Lines Pte Ltd.
船长	John（本人签名）as Master
船长的代理人	PACIFIC INTERNATIONAL LINES (CHINA) LTD. SHANTOU BRANCH As Agent for John, Master

任务七　通知买方货已装船并按合同要求把副本提单发给买方

　　货物装船后，通知买方货已装船的具体情况是买卖合同项下卖方的一项基本义务（《2020通则》的规定）。2022 年 9 月 14 日，卖方通过电子邮件给买方发送电子版的商业发票、装箱单和副本提单，以便买方掌握具体的装船情况，做好办理货运保险和接货的准备。

　　本次订单的支付条款是"PAYMENT: THE BUYER MUST PAY 30% FOR DEPOSIT BEFORE 20th JULY 2022 BY T/T, 70% BALANCE BY T/T AGAINST COPY B/L WITHIN 5 DAYS."（买方必须在 2022 年 7 月 20 日前电汇 30%的货款作为定金，其余 70%的货款在收到提单传真后 5 日内电汇。）根据此条款，卖方业务员林科把副本提单发给买方，并催促买方按约定及时电汇货款。

任务八　货款收到后寄送全套单证

T/T 支付方式的应用

实训提示

　　2022 年 9 月 17 日，林科到公司财务部门确认已经收到买方电汇的剩余 70%的货款，共 11,460.96 美元。9 月 18 日，林科把该笔业务项下的全套单证，包括商业发票、装箱单、一般原产地证、正本提单（一式三份）通过国际快递寄送给买方。

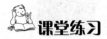

课堂练习

　　1. 请描述本项目该笔业务的支付方式，同时说明卖方需要给买方寄送何种单证，通过什么方式寄送。卖方可以把这些单证交给出口地银行吗？

　　2. 请根据本项目该笔业务的实际履约情况，归纳卖方本次的履约过程及完成的各项工作任务，填报表 1.7。

表 1.7　出口工作完成情况汇总

序号	出口工作实际完成情况
1	
2	
3	
4	
5	
6	
7	
8	

〉〉〉 拓展实训 〉〉〉

◆业务背景◆

2022 年 10 月 22 日，卖方 DESUN TRADING CO., LTD.业务代表毛莉与买方 NEO GENERAL TRADING COMPANY 签订了一份买卖中国陶瓷餐具的合同（S/C NO. DTC221012）。双方约定采用 FOB GUANGZHOU 术语成交，并规定买方必须在 2022 年 12 月 15 日前通过电汇方式支付 100%的货款，合同见单证 1.8。

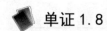 单证1.8

销售合同
SALES CONTRACT

卖方 **SELLER:**	DESUN TRADING CO., LTD. 29TH FLOOR KINGSTAR MANSION, 68 ZHONGSHAN ROAD GUANGZHOU, CHINA TEL: +86 20 226×××12	编号 **NO.:** 日期 **DATE:** 地点 **SIGNED IN:**	DTC221012 OCT. 22, 2022 GUANGZHOU
买方 **BUYER:**	NEO GENERAL TRADING COMPANY #362 JALAN STREET, HAMBURG, GERMANY TEL: ＋49-22152×××688 E-MAIL: NEO××@YAHOO.COM		

买卖双方同意按以下条款达成交易：

This contract is made by and agreed between the BUYER and SELLER, in accordance with the terms and conditions stipulated below.

1. 品名及规格 **Commodity & Specification**	2. 数量 **Quantity**	3. 单价及价格条款 **Unit Price & Trade Terms**	4. 金额 **Amount**
CHINESE CERAMIC DINNERWARE		**FOB GUANGZHOU**	
DT3011　30-Piece Dinnerware and Tea Set DS2083　20-Piece Dinnerware Set	220 SETS 150 SETS	USD30.00 USD20.00	USD6,600.00 USD3,000.00
Total:	370 SETS		USD9,600.00

5. 总值 **Total Value**	SAY U.S.DOLLARS NINE THOUSAND SIX HUNDRED ONLY.
6. 唛头 **Shipping Marks**	N/M
7. 装运期 **Time of Shipment**	Not later than DEC. 31, 2022
8. 装运港及目的地 **Port of Loading & Destination**	FROM: GUANGZHOU TO: HAMBURG
9. 保险 **Insurance**	To be covered by the buyer.
10. 付款方式 **Terms of Payment**	The buyer must pay 100% of the sales proceeds in advance by T/T not later than Dec. 15, 2022.

◆实训要求◆

本笔业务卖方的实际履约情况见表 1.8，请根据业务进度和业务的各项要求填写各业务环节涉及的单证（单证 1.9～单证 1.13）。

表 1.8　卖方实际履约情况

序号	出口工作实际完成情况
1	12 月 15 日已经收到买方电汇支付的全额货款
2	卖方与供应商落实交货时间为 12 月 25 日，产品包装情况如下。 DT3011：每套装一箱，净重为 40kgs/CTN，毛重为 45kgs/CTN，体积为 50cm×40cm×40cm/CTN DS2083：每 2 套装一箱，净重为 50kgs/CTN，毛重为 55kgs/CTN，体积为 50cm×40cm×40cm/CTN
3	12 月 18 日，卖方制作商业发票（单证 1.9）和装箱单（单证 1.10）
4	12 月 18 日，买方指定的货运代理公司发来了订舱委托书，卖方与买方确定提单抬头为 TO ORDER，然后填报了订舱委托书（单证 1.11）； 货运代理公司回复船期为 12 月 28 日，船名及航次是 HONGYUN V.1289
5	供应商 12 月 25 日如期交货。卖方联系货运代理公司订集装箱并安排拖车，准备好相关单证请其代为报检报关，并由货运代理公司将货物运至装运港（广州黄埔）
6	12 月 28 日货物装船后，船公司把提单发给卖方，卖方审核船公司制作的提单没有问题，承运人的代理人 PACIFIC INTERNATIONAL LINES (CHINA) LTD. GUANGZHOU BRANCH[太平洋船务（中国）有限公司广州分公司]于当天签发了一式三份的正本提单（单证 1.12）。集装箱号是 KYYU2148966，铅封号是 YD125897，提单号是 MRT012589
7	12 月 29 日，卖方申请和制作一般原产地证（CO）（单证 1.13），产品的商品编码是 6912.0010
8	12 月 30 日，卖方通过电子邮件给买方发送电子版的商业发票、装箱单和副本提单，同时于当天把全套正本单证通过国际快递寄送给买方

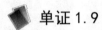 单证1.9

商业发票

DESUN TRADING CO., LTD.

29TH FLOOR KINGSTAR MANSION,

68 ZHONGSHAN ROAD GUANGZHOU, CHINA

COMMERCIAL INVOICE

BUYER: INVOICE NO.: DT221218

                                                 DATE:

FROM: TO:

TERMS OF PAYMENT:

SHIPPING MARKS:

Commodity & Specification	Quantity (SET)	Unit Price (USD/SET)	Amount (USD)
Total:			

TOTAL AMOUNT:

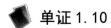 单证 1. 10

装箱单

DESUN TRADING CO., LTD.

29TH FLOOR KINGSTAR MANSION,

68 ZHONGSHAN ROAD GUANGZHOU, CHINA

PACKING LIST

BUYER:　　　　　　　　　　　　　　　　　INVOICE NO.:

　　　　　　　　　　　　　　　　　　　　DATE:

FROM:　　　　　　　　　　TO:

TERMS OF PAYMENT:

SHIPPING MARKS:

Commodity & Specification	Quantity (SET)	Packages (CTN)	N.W. (kg)	G.W. (kg)	Meas. (m³)
Total:					

TOTAL PACKAGE:

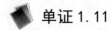 单证 1.11

订舱委托书

CARGO SHIPPING INSTRUSCTIONS

Shipper （托运人）	Jet Globle Cargo Ltd. **上海佑鸿国际物流有限公司** **广州分公司** Tel: +86 20 236×××33 Fax: +86 20 236×××66
Consignee （收货人）	
Also Notify（通知人）	

Place of receipt （收货地点）	Port of loading （装运港）	Ocean Freight Pre-paid □ Collect □	Local Charge Pre-paid □ Collect □
Port of discharge （卸货港）	Final destination （目的地）	Cargo readiness time （货物备妥时间）	Through B/L issued place （出单地）

Marks & Numbers and No of Pkgs （唛头及包装件数）	Description of Goods （提供中英文商品名称）	Gross Weight/Measurement （毛重/体积） （kg/m³）

整柜（FCL）：　　　　×20'GP,　　　　×40'GP,　　　　×40'HQ,　　　　×45'HQ

拼柜（LCL）：

提供到门之 客户请填写	收货地点（中文）	联系人及电话	做柜日期/时间

备注： 货物的实际重量必须和订舱时的货物重量相吻合，若因虚报重量而产生船公司退载费用或罚款，一律由订舱人全额负担。本公司将保留法律追诉权。	We hereby guarantee payment of all freight collect charges due to the forwarders or the carrier if the shipment is abandoned, refused by the consignee, returned at our request. Confiscated by the customs or for any other reason cannot be delivered within a reasonable time. SIGNATURE AND STAMP OF SHIPPER Date:

单证 1.12

海运提单

1) Shipper	9) B/L NO.
2) Consignee	**ORIGINAL** **BILL OF LADING** **Mariana Express Lines Pte Ltd.** (incorporated in Singapore)
3) Notify Party	PACIFIC ASIA EXPRESS PTY. LTD. SYDNEY LEVEL 8, 447 KENT STREET, SYDNEY NSW 2000 SYDNEY, AUSTRALIA

4) Place of Receipt	5) Port of Loading
6) Port of Discharge	7) Place of Delivery
8) Ocean Vessel Voyage No.	

10) Marks & Numbers; Kind of Pkgs; Description of Goods; Container No. and Seal No.	11) G.W. (kg)	12) Measurement (m³)

13) Total Number of Containers
Or Packages (in words)

14) Freight & Charges		Prepaid	Collect

15) Prepaid at	16) Payable at	18) Place and Date of Issue
Total Prepaid	17) No. of Original Bills of Lading	19) Issue by By_____ As Agents for and on behalf of the Carrier Mariana Express Lines Pte Ltd.

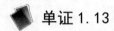 单证 1. 13

一般原产地证

1.Exporter	Certificate No.
2.Consignee	**CERTIFICATE OF ORIGIN** **OF** **THE PEOPLE'S REPUBLIC OF CHINA**
3.Means of transport and route	5.For certifying authority use only
4.Country/region of destination	

6.Marks and numbers	7.Number and kind of packages; description of goods	8.H.S. Code	9.Quantity	10.Number and date of invoices

11.Declaration by the exporter The undersigned hereby declares that the above details and statements are correct, that all the goods were produced in China and that they comply with the Rules of Origin of the People's Republic of China. --- Place and date, signature and stamp of authorized signatory	12.Certification It is hereby certified that the declaration by the exporter is correct. --- Place and date, signature and stamp of certifying authority

>>> 理论测试^① >>>

一、单项选择题

1. 根据《2020 通则》的规定，采用 FOB 术语成交，应由（　　）办理把货物从装运港运到目的港的订舱手续并承担相应的运费。

　　A. 卖方　　　　　　　B. 买方　　　　　　　C. 货运代理公司　　　D. 出口地银行

2. 根据《2020 通则》的规定，FOB 术语下以（　　）为界限划分买卖双方承担对货物损坏或灭失的风险。

　　A. 装运港的船舷　　　　　　　　　　B. 货交第一承运人处置

　　C. 货交买方处置　　　　　　　　　　D. 装运港船上

3. 采用电汇方式支付的合同，卖方能否按时收到约定的款项，完全取决于（　　）。

　　A. 买方的信用　　　B. 合同的履行　　　C. 卖方的能力　　　D. 银行的实力

4. 采用 FOB 术语成交，需由买方承担运费，办理订舱托运手续时，运费支付应选择（　　）。

　　A. FREIGHT PREPAID　　　　　　　　B. FREIGHT COLLECT

　　C. 50% PREPAID 50% COLLECT　　　　D. 40% PREPAID 60% COLLECT

5. 托运人，其英文名称是（　　）。

　　A. shipper　　　　　B. consignee　　　　C. notify party　　　D. seller

6. 装运港，是指货物起始运送的地点，其英文表达方式正确的是（　　）。

　　A. Place of Receipt　　　　　　　　　B. Port of Loading

　　C. Port of Discharge　　　　　　　　　D. Port of Destination

7. （　　）不能转让。

　　A. 记名提单　　　　B. 不记名提单　　　C. 指示提单　　　　D. 清洁提单

8. 海运提单的签发日期应理解为（　　）。

　　A. 签订运输合同的日期　　　　　　　B. 货物开始装船的日期

　　C. 货物装船完毕的日期　　　　　　　D. 货物装船过程中的任何一天

9. 根据《2020 通则》的规定，按 FOB 术语成交时卖方没有替买方办理货运保险的义务，实际业务中一般由（　　）办理保险。

　　A. 买方　　　　　　　B. 卖方　　　　　　　C. 货运代理公司　　　D. 出口地银行

10. 合同中约定的装运时间为 2023 年 6 月，支付条款（　　）对卖方最有利。

　　A. The buyer must pay 40% for deposit before 20th May, 2023 by T/T, 60% balance by T/T against faxed B/L within 2 days.

　　B. The buyer must pay 100% of the sales proceeds in advance by T/T not later than 10th June, 2023.

　　C. The buyer must pay 100% of the sales proceeds in advance by T/T not later than 25th May, 2023.

　　D. 100% full payment by T/T before 30th June, 2023.

---

① 理论测试题目涵盖前导课程知识点，如本书无对应内容，需在前导课程教材中查找。

二、多项选择题

1. 根据《2020 通则》的规定，采用 FOB 术语成交，卖方的义务有（　　　）。
   A. 负责办理出口报关　　　　　　　　B. 负责把货物运至装运港装船
   C. 负责租船订舱并承担运费　　　　　D. 负责办理货运保险手续并承担保险费

2. 商业发票的作用主要有（　　　）。
   A. 是货物的价目清单　　　　　　　　B. 是进出口报关完税必不可少的单证
   C. 是结算货款的依据　　　　　　　　D. 是物权凭证

3. 原产地证的作用主要有（　　　）。
   A. 原产地证是保证货物在进口国或地区能顺利通关的重要文件
   B. 进口国或地区海关根据原产地证判断进口商品的来源地，以便确定货物适用的进口
      关税种类和关税税率
   C. 原产地证是进口国或地区海关进行贸易统计的重要依据
   D. 出口国或地区海关进行贸易统计的重要依据

4. 按提单收货人（Consignee）栏目填写的不同，提单可分为（　　　）。
   A. 清洁已装船提单　B. 记名提单　　　C. 不记名提单　　　D. 指示提单

5. 常见的包装单证有（　　　）。
   A. Packing List　　　　B. Weight List　　　C. Measurement List　　D. Shipping Order

三、判断题

1. 船公司签发的正本提单，必须有 "original" 字样。（　　　）

2. 一般原产地证只证明货物的来源国家（地区），进口国（地区）海关对持一般原产地证报关的进口货物按普通税率征收进口关税。（　　　）

3. 汇款可分为电汇、信汇和票汇三种方式，其中电汇速度快，在进出口业务中被广泛使用。（　　　）

4. 以电汇支付方式结算货款的合同，卖方开立的商业发票，其抬头一般写买方。（　　　）

5. 原产地证的申报日期不得早于发票的开立日期。（　　　）

项目二

CFR 术语成交、D/P 支付的海运外贸业务

〉〉〉 学习目标 〉〉〉

从卖方的角色出发，通过学习本项目，要求学会核对合同条款，熟悉以 CFR 术语成交、D/P 支付的海运外贸业务的工作过程并能依此制订出口工作计划，了解托收支付方式对卖方的风险，熟悉办理托收的手续，掌握履约过程各工作任务的执行要求并学会该工作过程中有关单证的制作。

〉〉〉 任务描述 〉〉〉

本次业务以 CFR 术语成交，采用即期付款交单（D/P At Sight）方式支付。卖方需按照合同要求按时、按质、按量备妥货物，货物备妥后卖方需制作商业发票和装箱单，然后办理把货物运至目的港的订舱手续并承担运费，再申报检验和报关（可委托货运代理公司报检报关，也可以自行报检报关）、申领原产地证。货物装船后卖方需要跟进提单的签发、通知买方货已装船，最后开立汇票、到托收银行办理托收手续并需跟进买方付款的情况。

〉〉〉 业务背景 〉〉〉

佛山市盈合陶瓷有限公司（以下称为卖方）是一家经营陶瓷卫浴产品的贸易公司，主营瓷砖有通体大理石砖（full body marble tiles）、抛光砖（polished tiles）、仿古砖（Antique brick）、木纹砖（Wood tiles）等，产品主要销往东南亚和日本等。公司业务员高依琳与泰国公司 CARTERS TRADING COMPANY, LLC （以下称为买方）进行磋商，双方就三种规格型号的瓷砖产品的交易条件达成了一致意见，于 2022 年 9 月 22 日签订一份销售确认书（Sales Confirmation，S/C），号码是 FSYH220922，见单证 2.1。

〉〉〉 发布任务 〉〉〉

以本项目业务背景的外贸业务（S/C NO. FSYH220922）为执行对象，从卖方的角色出发，以交

货和收取货款为工作中心，完成从核对合同条款开始，到制订出口工作计划，再到按计划履行进出口合同等的全过程，具体工作任务如图 2.1 所示。在此工作过程中，卖方同时需要制作商业发票和装箱单、填报订舱委托书、填报（审核）海运提单、填报优惠原产地证（如 FORM E）、开立汇票等。

 单证 2.1

FOSHAN YINGHE CERAMIC CO., LTD.

KANGYUAN 103, FENGJIANG SOUTH RD, CHANCHENG DISTRICT,

FOSHAN, GUANGDONG, CHINA

SALES CONFIRMATION

TEL: + 86 757 832×××88/836×××86　　　NO.: FSYH220922

FAX: + 86 757 831×××89　　　　　　　DATE: 2022-09-22

BUYER: CARTERS TRADING COMPANY, LLC

ADDRESS: PLOT: 37, ROOM: A-1866

BANICHITRA DHAHA-1212, BANGKOK, THAILAND

Dear Sirs,

　We hereby confirm having sold to you the following goods on terms and conditions as specified below:

Name of Commodity and Specification	Unit Price CFR BANGKOK	Quantity	Amount
Material: Porcelain tiles			
Full body marble tiles Model: IT3901 Size: 800mm×800mm	USD10.5/m^2	576m^2	USD6,048.00
Porcelain tiles Model: SD302 Size: 600mm×900mm	USD8.3/m^2	243m^2	USD2,016.90
Wood tiles Model: 6210P Size: 600mm×1,200mm	USD9.6/m^2	216m^2	USD2,073.60
	Total:	1,035m^2	USD10,138.50

Quantity and Amount: ± 5% decided by the seller.

Packing: Paper box with wooden pallets, shrank packing.

Port of Loading: Any port in China

Port of Discharge: Bangkok

Time of Shipment: not later than Oct. 31, 2022

Insurance: to be effected by the buyer.

Terms of Payment: Upon first presentation, the buyer shall pay against documentary draft drawn by the seller at sight. The shipping documents are to be delivered against payment only.

The Buyer　　　　　　　　　　　　　　The Seller

CARTERS TRADING COMPANY, LLC　　　**FOSHAN YINGHE CERAMIC CO., LTD.**

任务一　核对合同条款并制订出口工作计划

子任务一　核对合同条款

　　目的： 通过核对合同条款明确交易条件，为出口履约做好准备。

　　内容： 请仔细核对销售确认书（S/C NO. FSYH220922）的主要条款，填报表 2.1。销售确认书采用平方米作为计量单位，填报该表时请同时注明按片（PC）计量的交货数量。

第一阶段： 准备工作	第二阶段： 履行进出口合同	第三阶段： 交单结算
•任务一 核对合同条款并制订出口工作计划	•任务二 与供应商落实交货时间及包装等细节 •任务三 制作商业发票和装箱单 •任务四 联系货运代理公司落实订舱 •任务五 跟进船公司签发提单并审核提单 •任务六 申领和制作原产地证 FORM E	•任务七 签发汇票，到托收行办理托收手续 •任务八 跟进买方付款

图 2.1 项目二具体工作任务

表 2.1 销售确认书（S/C NO. FSYH220922）主要条款

品名（列出商品总称）	
规格型号和数量（列出具体的规格型号及对应的交货数量）	
贸易术语	
支付方式	
装运港	
目的港	
装运时间	
包装要求	
保险条款	

子任务二　制订出口工作计划

 **实训操作**

请以卖方业务员高依琳的身份编制一份详细的出口工作计划（表 2.2）。

表 2.2 销售确认书（S/C NO. FSYH220922）出口工作计划

序号	出口工作计划
1	
2	
3	

续表

序号	出口工作计划
4	
5	
6	
7	
8	
9	

课堂练习

目的： 学会辨别以 CFR 术语成交时，买卖双方在报关、运输、保险方面的责任、费用划分。

题目： 我国某公司以 CFR SINGAPORE 条件出口一批货物，买方为新加坡某公司。请在图 2.2 中标明出口报关、运输、保险、进口报关由谁负责（填写"卖方"或"买方"）。

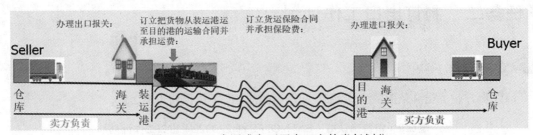

图 2.2　CFR 术语成交下买卖双方的责任划分

任务二　与供应商落实交货时间及包装等细节

2022 年 9 月 25 日，依据合同的规定，高依琳与供应商联系，就产品质量、规格、数量、包装等要求与供应商进行确认，最后双方落实供应商的交货时间是 2022 年 10 月 25 日，并要求供应商按表 2.3 进行包装，包装及打托费用由供应商承担。

表 2.3　产品包装明细

尺寸（mm×mm）	片/箱	箱/托盘	平方米/箱	千克/箱（净重）	千克/箱（毛重）
	Pc/Box	Box/Plt	m²/Box	Kg/Box	Kg/Box
800×800	3	28	1.92	50	52
600×900	3	40	1.62	40	42
600×1,200	2	52	1.44	32.5	34.5

云资源

商业发票和装箱单

任务三　制作商业发票和装箱单

　　2022 年 10 月 21 日，高依琳制作了该笔业务的商业发票和装箱单。请按销售确认书（S/C NO. FSYH220922）规定的数量和表 2.3 完成单证 2.2 和单证 2.3 的填写。全部装箱产品的总体积为 20 立方米，一个木托的自重为 15kgs。扫描二维码可查看商业发票和装箱单样本。

 单证 2.2

FOSHAN YINGHE CERAMIC CO., LTD.
KANGYUAN 103, FENGJIANG SOUTH RD, CHANCHENG DISTRICT,
FOSHAN, GUANGDONG, CHINA
COMMERCIAL INVOICE

BUYER:　　　　　　　　　　　　　　　　INVOICE NO.: YHC221021
　　　　　　　　　　　　　　　　　　　DATE:

FROM:　　　　　　　　TO:
TERMS OF PAYMENT:
SHIPPING MARKS:

Model No.	Description	Package details		Unit price	QTY (m²)	Amount (USD)
		Pc/Box	Box/Plt			
Total:						

TOTAL AMOUNT:

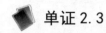

单证 2.3

FOSHAN YINGHE CERAMIC CO., LTD.

KANGYUAN 103, FENGJIANG SOUTH RD, CHANCHENG DISTRICT,

FOSHAN, GUANGDONG, CHINA

PACKING LIST

BUYER: INVOICE NO.: YHC221021

                                        DATE:

FROM: TO:

TERMS OF PAYMENT:

SHIPPING MARKS:

Model No.	Description	QTY(m^2)	Package details				N.W. (kg)	G.W. (kg)
			Pc/Box	Box	Box/Plt	Plts		
Total:								

TOTAL MEASUREMENT:

TOTAL PACKAGE:

任务四　联系货运代理公司落实订舱

子任务一　填报货运代理公司发来的订舱委托书

实训提示

本笔业务采用 CFR BANGKOK 成交，卖方需订立把货物运至指定目的港的运输合同并支付运费。实际业务中，卖方一般委托货运代理公司办理订舱手续，由货运代理公司向船公司提出订舱申请并落实船期和舱位。

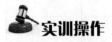

实训操作

高依琳与货运代理公司联系,安排货物在广州黄埔港装船,预订 1 个 20 英尺集装箱的舱位,船期不得晚于 2022 年 10 月 31 日。2022 年 10 月 21 日，货运代理公司发来了一份订舱委托书（单证 2.4），请根据合同要求填写此份订舱委托书。"Marks & Nos." 栏目填写"N/M"。

 单证 2.4

订舱委托书

Shipper（托运人）			订舱委托书 **BOOKING FORM**
Consignee or order（收货人/抬头）			
Notify party（通知人）			

Place of receipt（收货地点）		Port of loading（装运港）	
Port of discharge（卸货港）		Final destination（目的地）	

Marks & Nos. （唛头）	No. of containers or packages （集装箱数或包装件数）	Description of goods （商品名称）	Gross weight(kg) （毛重）	Measurement(m³) （体积）

整柜（FCL）： ×20'GP, ×40'GP, ×40'HQ, ×45'HQ

拼柜（LCL）：

货物备妥日期（Cargo ready date）：

Original B/L ☐	Ocean freight Pre-paid ☐
TLX Release ☐	（海运费） Collect ☐
Waybill ☐	
Other ☐	Stamp/Sign of shipper Date:

【知识补充】

托收结算方式下订舱委托书填写的注意事项

1. Consignee or order。此栏目的填写在实际业务中一般有以下两种填写方法。①记名抬头。记名抬头是指在收货人栏内具体填明收货人的名称，货物只能交给记名的收货人。记名抬头一般是填写买方公司名称、详细的地址。②指示抬头。收货人栏内只填写"凭指定"（to order）

或 "凭某人指定"（to order of…）字样的。

采用托收方式结算货款，此栏建议只填指示抬头，即填写 TO ORDER 或 TO ORDER OF SHIPPER，一般不填写记名抬头。

2. 签发单证的要求，即货物装船后托运人要求承运人签发何种单证。有以下四种选择。

（1）Original B/L。一般情况下，托运人都要求承运人装船后签发正本提单。进出口业务中，买方或银行在信用证中规定卖方提交全套的正本提单，此时，买方需凭正本提单在目的港向承运人提货。

（2）TLX Release（电放货物）。托运人放弃签发正本提单，请求承运人在货到目的港后凭托运人签发的电放保函直接把货交给指定的收货人。

（3）Waybill（海运单）。海运单是一种非流通性的单证，Consignee 栏具体标明收货人信息。此单不能转让，因此，其不具备海运提单物权凭证的特性。海运单上的收货人只需凭提货通知或者身份证明就能提货，完全不需要出示海运单，承运人应当凭借收货人出示的身份证明交付货物。

（4）Other（其他）。如要求签发其他单证，可在此处填写。

采用托收方式结算货款，建议选择签发正本提单，不适宜电放货物和签发海运单。因为托

收结算方式属于商业信用，本质是卖方向买方提供信用和资金融通，卖方能否收回货款，取决于买方的资信。卖方委托银行收款时，需随附海运提单，以便银行能顺利从买方处收回货款。

如果卖方在货物装船前已经收齐了合同项下 100% 的货款（如合同采用 100% 前 T/T 方式支付货款），此时为了便于买方在目的港提货，特别是近洋运输中为了避免货到目的港而买方还没有拿到正本提单的情况出现，卖方可放弃签发正本提单改为电放货物或改为签发海运单。

子任务二　委托货运代理公司办理报关

2022 年 10 月 22 日，货运代理公司回复高依琳，已和承运人 CMA CGM S.A.落实了舱位，装运港是广州黄埔，装货时间预定是 2022 年 10 月 28 日。

接着，高依琳与货运代理公司预订 1 个 20 英尺的干货集装箱并安排拖车。2022 年 10 月 26 日，供应商按约定的数量（即按 S/C NO. FSYH220922 规定的数量）和表 2.3 的要求完成货物的装柜，并由货运代理公司把货物运到装运港（GUANGZHOU HUANGPU）。货运代理公司向中国电子口岸报关系统输入报关信息并顺利通过审核，报关工作完成。装载货物的集装箱号码及铅封号分别是 MEDU6091177 和 FEJ1256769。

任务五　跟进船公司签发提单并审核提单

实训操作

2022 年 10 月 28 日货物在装运港 GUANGZHOU HUANGPU 顺利完成装船，船公司按实际装货情况和订舱委托书的要求签发提单并发给卖方审核，卖方审核无误后船公司于 2022 年 10 月 29 日签发正本提单一式三份。请以船公司的身份填写海运提单（单证 2.5）。装载此批货物的

船舶是 APL COLUMBUS V.AC266，提单号为 ACSZ015886。装载货物的集装箱号码及铅封号分别是 MEDU6091177 和 FEJ1256769。

 单证 2.5

海运提单

1) Shipper	19) B/L NO.
	ORIGINAL BILL OF LADING
2) Consignee	**CMA CGM S.A.**
3) Notify Party	CARRIER: CMA CGM Society Anonyme au Capital　Head office: 4, quai d'Arenc-13003　Marseille-France　Tel: + 33 4 88 96 ×××2　Fax: + 33 4 88 96 ×××2

4) Place of Receipt	5) Port of Loading	8) Ocean Vessel Voyage No.
6) Port of Discharge	7) Place of Delivery	9) Numbers of Original Bills of Lading

10) Marks & Numbers; Kind of Pkgs; Description of Goods; Container No. and Seal No.	11) G.W.(kg)	12) Measurement(m³)

13) Total Number of Containers
　Or Packages (in words)

14) Freight & Charges		Prepaid	Collect

15) Prepaid at	16) Payable at	18) Issue by
17) Place and Date of Issue		

知识回顾

1. 海运提单的背书

采用托收方式结算货款，Consignee栏建议只填指示抬头，即填写 TO ORDER 或 TO ORDER OF SHIPPER，一般不填写记名抬头。指示提单经过背书才可以转让。实际业务中，卖方在交付单证前必须在提单上背书，买方在目的港提货时必须出具经过正确背书的提单。

背书是转让单证的一种法定手续，是由持单人在单证背面签上自己的名字或再加上受让人的名字，并把单证交给受让人的行为。背书有两种：单纯由背书人（提单转让人）签字盖章的，称为空白背书；除背书人签字盖章以外，还列有被背书人（受让人）的名称的，称为记名背书。注明"凭指定"且托运人注明是卖方的提单，在卖方背书转让之前，卖方仍保持货物的所有权。在我国出口贸易中，大多采用这种"凭指定"、空白背书的提单，习惯上称为空白抬头、空白背书提单（ocean marine bill of lading made out to order and blank endorsed）。

2. 集装箱货物的交接地点

集装箱的处置场所主要有集装箱堆场（container yard，CY）和集装箱货运站（container freight station，CFS），还有货主自己的经营场所（DOOR）。集装箱堆场，是专门用来保管和堆放集装箱（重箱和空箱）的场所，是整箱货办理交接的地方，一般设在港口的装卸区内。集装箱货运站，又叫中转站或拼装货站，是拼箱货办理交接的地方，一般设在港口、车站附近，或内陆城市交通方便的场所。

集装箱整箱货和拼箱货的交接地点一般有以下几种不同选择。

（1）整箱交、整箱收（FCL-FCL），适用于"场到场"运输（CY TO CY）、"门到门"运输（DOOR TO DOOR）、"场到门"运输（CY TO DOOR）、"门到场"运输（DOOR TO CY）。

（2）整箱交、拆箱收（FCL-LCL），适用于"场到站"运输（CY TO CFS）、"门到站"运输（DOOR TO CFS）。

（3）拼箱交、整箱收（LCL-FCL），适用于"站到场"运输（CFS TO CY）、"站到门"运输（CFS TO DOOR）。

（4）拼箱交、拆箱收（LCL-LCL），适用于"站到站"运输（CFS TO CFS）。

由发货人进行装箱，然后其自行将货物运至集装箱堆场等待装运，货到目的港（地）后，收货人可以直接在目的港（地）的集装箱堆场提货，此方式为"场到场"运输；由发货人进行装箱并在其货仓或工厂仓库将货物交承运人验收后，由承运人负责全程运输，直到货物到收货人的货仓或工厂仓库交箱为止，这种全程连续运输为"门到门"运输；承运人在集装箱货运站负责将不同发货人的运往同一目的地的货物拼装在一个集装箱内，货到目的港（地）后，再由承运人在集装箱货运站拆箱分拨给不同的收货人，此方式为"站到站"运输。

任务六 申领和制作原产地证 FORM E

知识回顾

中国-东盟自由贸易区优惠关税原产地证书（ASEAN-CHINA FREE TRADE AREA PREFERENTIAL TARIFF CERTIFICATE OF ORIGIN FORM E，FORM E）是一种区域性的双向优惠原产地证，签发该证书的依据是中国与东盟签署的《中国-东盟全面经济合作框架协议货物贸易协议》，根据该协议，出口产品属于该协议下可以享受关税减免的产品，并符合相应的优惠原产地规则，则可由出口地授权的相关机构签发此证。买方凭该证在进口报关时可享受关税减免。

截至 2023 年 10 月，中国已经和 29 个国家/地区签署了 22 个自贸协定。我国的产品出口到相关的国家/地区时，可优先考虑申领相关的区域性双向优惠原产地证。我国各地的海关是签发此类证书的官方机构，中国国际贸易促进委员会及其各地分会也获授权签署此类优惠原产地证（FORM P 除外）。

相关机构签发的区域性双向优惠原产地证有中国-东盟自由贸易区优惠关税原产地证书（FORM E）、中国-巴基斯坦自由贸易区原产地证书（FORM P）、中国-智利自由贸易区原产地证书（FORM F）、《中国-新西兰自由贸易协定》原产地证书、中国-新加坡自由贸易区优惠税率原产地证书、《中国-秘鲁自由贸易协定》原产地证书（FORM R）、《中国-哥斯达黎加自由贸易协定》原产地证书（FORM L）、《内地与港澳关于建立更紧密经贸关系的安排》（CEPA）原产地证、《海峡两岸经济合作框架协议》（ECFA）原产地证、中国-瑞士自由贸易区原产地证书、中国-冰岛自由贸易区原产地证书、《中国-澳大利亚自由贸易协定》原产地证书、《中国-韩国自由贸易协定》原产地证书、《中国-格鲁吉亚自由贸易协定》原产地证书、《中国-毛里求斯自由贸易协定》原产地证书、《亚太贸易协定》原产地证书（FORM B）、《中国-柬埔寨自由贸易协定》原产地证书、《区域全面经济伙伴关系协定》（RCEP）原产地证书和《中国-尼加拉瓜自贸协定》原产地证书等。

除上述双向的优惠原产地证外，还有一种单向的优惠原产地证——普惠制原产地证格式 A（generalized system of preference certificate of origin form A，GSP FORM A），它是依据给惠国（地区）要求出具的能证明出口货物原产自受惠国（地区）的证明文件，并能使货物在给惠国（地区）享受普遍优惠关税待遇。我国作为发展中国家，出口到许多发达国家（地区）的产品曾经享受过普遍优惠关税待遇。

操作演示

2022 年 10 月 30 日，高依琳向出口口岸海关申领 FORM E。此批出口产品符合完全中国产的产地标准，产品的商品编码是 6907.21。高依琳根据商业发票、装箱单等资料及 FORM E 的填写说明完成了单证 2.6 的填报，请审核该单证。

单证2.6

中国-东盟自由贸易区优惠关税原产地证书（FORM E）

1. Products consigned from (Exporter's business name, address, country) FOSHAN YINGHE CERAMIC CO., LTD. KANGYUAN 103, FENGJIANG SOUTH RD CHANCHENG DISTRICT, FOSHAN, GUANGDONG, CHINA	Reference No. ASEAN-CHINA FREE TRADE AREA PREFERENTIAL TARIFF CERTIFICATE OF ORIGIN (Combined Declaration and Certificate) **FORM E** Issued in <u>THE PEOPLE'S REPUBLIC OF CHINA</u> (Country) See overleaf Notes
2. Products consigned to (Consignee's name, address, country) CARTERS TRADING COMPANY, LLC PLOT: 37, ROOM: A-1866 BANICHITRA DHAHA-1212, BANGKOK, THAILAND	
3. Means of transport and route (as far as known) 　Departure date　　OCT. 28, 2022 　Vessel's name/Aircraft etc.　APL COLUMBUS V. AC266 　Port of discharge　BANGKOK 　FROM GUANGZHOU HUANGPU TO BANGKOK 　BY VESSEL	4.For official use ☐　<u>Preferential Treatment Given</u> ☐　Preferential Treatment Not Given (please state reason/s) <u>　　　　　</u> Verification: ori×××.customs.gov.cn <u>　　　</u> Signature of Authorised Signatory of the Importing Country

5.Item number	6.Marks and numbers on packages	7.Number and type of packages, description of goods (including quantity where appropriate and HS number in six digit code)	8.Origin criteria (see overleaf Notes)	9.Gross weight or net weight or other quantity and value (FOB) only RVC criterion is applied	10.Number, date of invoices
1	N/M	EIGHTEEN (18) PALLETS OF PORCELAIN TILES H.S.CODE: 6907.21 ******************	"PE"	27,345kgs G.W.	YHC221021 OCT. 21, 2022

11.Declaration by the exporter 　The undersigned hereby declares that the above details and Statement are correct, that all the products were produced in <u>　CHINA　</u> 　　　　　(Country) and that they comply with the origin requirements specified for these products in the Rules of Origin for the ACFTA for the products exported to ············THAILAND············. 　　　(Importing Country) GUANGZHOU, CHINA OCT. 30, 2022 Place and date, Signature of authorised signatory	12.Certification It is hereby certified, on the basis of control carried out, that the declaration by the exporter is correct.
13. ☐ Issued Retroactively　☐ Exhibition ☐ Movement Certificate　☐ Third Party Invoicing	 Place and date, Signature and stamp of certifying authority

【知识补充】

FORM E 填写说明

1. Products consigned from (Exporter's business name, address, country)[发货人（卖方公司名称、地址、国家）]。本栏通常填写出口企业的详细名称和地址，包括国名。此栏带有强制性，应填明详细地址，包括街道名、门牌号码等。

2. Products consigned to (Consignee's name, address, country)[收货人（收货人名称、地址、国家）]。本栏应填最终收货人的名称、地址、国家，不得留空。

3. Means of transport and route (as far as known)[运输方式和路线（据已知）]。该栏需要填写 Departure date（货物起航日期）、Vessel's name/Aircraft etc.（船名/航次/航班号）和 Port of discharge（卸货港）。在该栏最后还须标明运输路线和运输方式，如 "FROM GAOMING, CHINA TO JAKARTA, INDONESIA BY SEA"。

4. For official use（供官方使用）。本栏由进口国（地区）当局有关机构填写。正常情况下买方凭此证在进口国（地区）海关报关，出口产品只要符合相关的原产地标准，则进口国（地区）当局应在 "□ preferential Treatment Given" 处打钩。

5. Item Number（商品顺序号）。若只有单项商品，此栏填 "1"。如同批出口货物有不同品种，本栏则按不同品种分列 "1" "2" "3" ……，以此类推。

6. Marks and numbers on packages（唛头）。本栏按照出口商业发票上所列唛头填写完整，不可简单填写，不得只写 "As Per Invoice" 或 "As Per B/L"。如货物无唛头，应填写 "N/M"。此栏不得留空，内容多可用附页，同时填写 "SEE ATTACHMENT"。

7. Number and type of packages, description of goods (including quantity where appropriate and HS number in six digit code)[包装件数和种类，商品名称（如果可以，填写商品单件计量数量和商品的 6 位商品编码）]。本栏所填写的商品名称应与商业发票中所用的名称一致。包装件数必须同时用英文和阿拉伯数字表示，如 "ONE HUNDRED AND SIXTY (160) CTNS ONLY"；如是散装货物填写 "IN BULK"。商品名称必须具体填明，不能笼统填写 "MACHINE" "GARMENT" 等。在完成上述信息填报后，应在下一行加注结束符号 "*********"。

如需填报其他信息，如商品制造商的信息、合同号、信用证号等，可在结束符号下方加以填报。

8. Origin criteria (see overleaf Notes)[原产地标准（详见单证背面）]。此栏填写的文字少，但却是进口国（地区）海关关注的重要栏目，需要按照有关的原产地标准选择正确的代码填写。现根据《中华人民共和国与东南亚国家联盟关于修订〈中国-东盟全面经济合作框架协议〉及项下部分协议的议定书》附件 1 原产地规则（以下简称议定书附件 1）的规定及 FORM E 证书背面的填写说明，归纳该栏的填写方法。

（1）完全获得或完全原产的产品。①出口产品符合议定书附件 1 第 2 条第(a)项的规定，在一成员方完全获得的产品，原产地标准填写 "WO"。一般是农林渔牧矿产品（非工业品），如水果、蔬菜、海鲜、家畜等。②出口产品符合议定书附件 1 第 2 条第(b)项的规定，使用一个或多个成员方的原产材料，在某一成员方经过生产加工形成的产品，原产地标准填写 "PE"。

（2）非完全获得或原产的产品。非完全获得或原产的产品是指在一成员方生产的含进口成分的产品，即使用了非中国-东盟成员方的进口材料生产加工形成的产品。①出口产品符合议定书附件 1 第 4 条第 1 项(a)款规定的区域价值成分（regional value content，RVC）标准的，即出口产品中单一成员方成分或中国-东盟自贸区多个成员方累计成分大于或等于出口产品离岸价 40%的，原产地标准填写 RVC 百分比，如 "40%"。同时该证书第 9 栏需加注出口产品的 FOB 价值。RVC 百分比的计算公式为

$$RVC 百分比 =（FOB - 非成员方原产成分）\div FOB \times 100\%$$

②出口产品符合议定书附件 1 第 4 条第 1 项(b)款规定的税则归类改变标准的，即出口产品与生产出口产品所使用的进口原料前四位品目号不一样的，原产地标准填写 "CTH"。但出口产品应在《商品名称及编码协调制度的国际公约》第 25、26、28、29（29.01、29.02 除外）、31（31.05 除外）、39（39.01、39.02、39.03、39.07、39.08 除外）、42 ~ 49、57 ~ 59、61、62、64、66 ~ 71、73 ~ 83、86、88、91 ~ 97 章。

（3）特定原产地标准的产品。出口产品列入议定书附件 1 附录 B 产品特定原产地规则（Product Specific Rules，PSR）清单的，除清单中列明采用完全获得标准的产品外，其余的产品原产地标准填写 "PSR"。

9. Gross weight or net weight or other quantity and value (FOB) only RVC criterion is applied[毛重或净重或其他数量以及 FOB 价格（仅采用 RVC 标准时填写）]。此栏填写的毛重或净重或其他数量，要与商业发票和装箱单有关的内容一致。货物以重量计量的填毛重或净重，同时加注 "G.W." 或 "N.W."。如第 8 栏填写了 RVC 百分比的，则同时要填报该批出口货物的 FOB 价格，其他情况无须填写 FOB 价格。

10. Number, date of invoices（发票号码和发票日期）。此栏不得留空，号码和日期必须按照商业发票填写，发票日期不得迟于出货日期。一份证书只能对应一张商业发票。填写示范：

JY09179

AUG. 30, 2022

11. Declaration by the exporter。卖方声明事先已经印制，需要在相应的位置用英文填写出口国国名和进口国国名。另外，申请单位应该授权专人在此栏手签，标上申报地点、日期，并加盖申请单位中英文印章。此栏日期不得早于商业发票日期。

12. Certification。签证机构证明事先已印制，内容是 It is hereby certified, on the basis of control carried out, that the declaration by the exporter is correct.（根据所实施的监管，兹证明卖方所做申报正确无误）。签证机构在该栏空白处盖章，并注明签证日期和地点，签证日期不得早于商业发票日期。

13. 此栏有 4 个供选择项目。

（1）Issued Retroactively（后发证书）。申报日期迟于货物出运日期后 3 天的，在对应方框内打 "√"。

（2）Exhibition（展览证书）。当产品由卖方运至另一方展览并在展览期间或展览后销售给另一方的，在对应方框内打 "√"，展览的名称及地址应在第 2 栏中注明。

（3）Movement Certificate（流动证书）。流动证书是指原产于东盟成员方的货物经过我国关境运往中国-东盟自贸区其他成员方时，我国海关根据东盟国家签证机构签发的中国-东盟自由贸易区优惠关税原产地证书（FORM E）而签发的，用于证明所涉货物符合东盟国家原产资格的证明文件。如属此种情况，在对应方框内打 "√"。

（4）Third Party Invoicing（第三方发票）。当发票是第三国开具时，在对应方框内打 "√"，该发票号应在第 10 栏注明。开具发票的公司名称及所在国家等信息应在第 7 栏中注明。

课堂练习

1. 请写出 FORM E 的中英文全称。

2. 请描述 FORM E 在中国的应用场景。

3.中国出口一批全棉针织男士外套到新西兰，假设产品符合相关的原产地标准，卖方可以申领哪种原产地证？您认为申领哪一种原产地证对买方最有利？

提示：可登录中国自由贸易区服务网查询，该产品在目的国的商品编码是6101.20.02.00J。

任务七　签发汇票，到托收行办理托收手续

知识回顾

汇票（bill of exchange）是出票人签发的，命令付款人在见票时或在指定期限无条件支付确定金额给收款人或持票人的票据。简而言之，它是一方开给另一方，命令其无条件支付的一种票据。

（一）汇票的当事人

从汇票的定义可以看出，在汇票这种支付工具下涉及三个当事人，即出票人、付款人和收款人。

（1）出票人，即签发汇票的人，一般是卖方或其指定的银行。

（2）付款人，又称受票人，即接受支付命令付款的人，一般是买方或其指定的银行。

（3）收款人，又称受款人，即受领汇票所规定金额的人。

（二）汇票的种类

根据出票人、付款时间、承兑人的不同及有无随附单证，汇票可分四类。

1. 按出票人分类

按出票人的不同，汇票分为银行汇票和商业汇票。

银行汇票（banker's draft）是银行对银行签发的汇票，一般多为光票。国际贸易结算方式中的票汇使用的就是银行汇票，银行签发汇票后，一般交由汇款人寄交国外收款人向指定的付款银行取款。出票银行将付款通知书寄交国外付款银行，以便其在收款人持票取款时进行核对，核对无误后付款。

商业汇票（commercial draft）是企业或个人向企业、个人或银行签发的汇票。商业汇票通常由卖方开立，向国外买方或银行收取货款时使用，多为随附货运单证的汇票，在国际贸易结算中使用较多。

2. 按付款时间分类

按付款时间不同，汇票分为即期汇票和远期汇票。

即期汇票（sight draft，demand draft）是指在提示或见票时付款人立即付款的汇票；远期汇票（time draft，usance draft）是付款人在一个指定日期或将来一个可以确定的日期付款的汇票。

远期汇票的付款时间主要有四种规定方法。

（1）见票后若干天付款（at…days after sight）（业务中最常见）。

（2）出票后若干天付款（at…days after date）。

（3）提单日后若干天付款（at…days after bill of lading date）。

（4）指定日期付款（fixed date）。

3. 按承兑人分类

按承兑人的不同，汇票分为商业承兑汇票和银行承兑汇票。

商业承兑汇票（commercial acceptance draft）是企业或个人承兑的远期汇票，托收方式中使用的远期汇票由买方承兑后即属于此种汇票；银行承兑汇票（banker's acceptance draft）是银行承兑的远期汇票，信用证中使用的远期汇票由开证行承兑后即属于此种汇票。

4. 按有无附属单证分类

按有无附属单证，汇票分为光票和跟单汇票。

光票（clean draft）是指不附带货运单证的汇票，常用于运费、保险费、货款尾数及佣金的收付；跟单汇票（documentary draft）是指附带货运单证的汇票，它除了有人的信用外，还有物的保证。

☞ **操作演示**

2022 年 11 月 1 日，卖方业务员高依琳到托收行中国银行佛山分行（该行是卖方的业务往来银行）办理托收申请手续。卖方备齐了全套业务单证，包括商业发票、装箱单、FORM E、提单等，填写了托收申请书（托收申请书要注明本笔业务具体的托收方式是 D/P At Sight），同时签发汇票一式两份。卖方把全套业务单证交给托收行，由托收行再委托买方所在地的银行（即代收行）向买方收款。

高依琳根据本笔业务的业务背景和商业发票信息开立了一张即期汇票（单证 2.7），请审核该汇票。

单证2.7

汇 票
BILL OF EXCHANGE

凭

Drawn under ___ON COLLECTION BASIC_____

信用证 第 号

L/C No._____

日期

Dated_____

号码 汇票金额 中 国 年 月 日

No. YHC221021 Exchange for ____USD10,138.50____ China. __2022-11-01__

见票 日 后（本 汇 票 之 副 本 未 付）付

At ___*********____Sight of this FIRST of Exchange (Second of exchange being unpaid)

收款人或其指定人

Pay to the order of ___FOSHAN YINGHE CERAMIC CO., LTD.___

金额

The sum of SAY U.S.DOLLARS TEN THOUSAND ONE HUNDRED AND THIRTY EIGHT AND FIFTY CENTS ONLY.

此致

To ___CARTERS TRADING COMPANY, LLC___
___PLOT: 37, ROOM: A-186BANICHITRA DHAHA-1212___
___BANGKOK, THAILAND___

For ___FOSHAN YINGHE CERAMIC CO., LTD.___

高依琳

【知识补充】

汇票填写说明

1. 出票条款。图 2.3 所示的是汇票的出票条款。如果采用托收方式结算，可以留空，也可以参照类似 "Drawn under ON COLLECTION BASIC" 的方式填写。

2. 汇票号码。一般以同一笔业务相应的商业发票号码兼作汇票号码，其用意是核对商业发票与汇票中相同和相关的内容。

3. 汇票金额。汇票金额一般与合同金额和商业发票金额一致。

（1）Exchange for，此处填汇票小写金额，由货币名称缩写和阿拉伯数字组成。

凭		
Drawn under		
信用证 第		号
L/C No.		
日期		
Dated		

图 2.3 汇票出票条款

（2）The sum of，此处填汇票大写金额，由货币名称全称和货币金额组成。一般要求顶格填写，以防有人在汇票金额上做手脚。货币名称写在金额之前，大写金额后加 "ONLY"（整），也可在货币名称前加 "SAY"（计），如：

Exchange for USD12,085.60

The sum of SAY U.S. DOLLARS TWELVE THOUSAND AND EIGHTY FIVE AND SIXTY CENTS ONLY.

汇票上的金额大小写必须一致，不得涂改，不允许更改后加盖校对章。

4. 出票地点和出票日期。出票地点一般已经印好，无须卖方填写。出票地点后填写出票日期。托收方式下，一般由卖方到托收行办理托收申请时开立汇票，所以出票日期一般就填写办理托收申请当天的日期，也可由银行代填。

5. 汇票付款期限。汇票付款期限可分为即期和远期两种。

（1）即期汇票的付款期限填写比较简单，只需在"At"与"Sigh"之间的横线上填"***"、"------"或"×××"即可，但不能留空，也可以直接在单证该位置打印"AT SIGHT"。采用即期付款交单方式结算货款的，如：

At ********* Sight of this FIRST of Exchange

（2）远期汇票的付款期限，按进出口双方在合同中的具体规定填写。①合同规定"at 45 days after sight"（见票后 45 天付款），如"At 45 DAYS AFTER Sight of this FIRST of Exchange"。②合同规定"at 60 days after date"（出票后 60 天付款），如"At 60 DAYS AFTER DATE Sight of this FIRST of Exchange"。③合同规定"at 90 days after bill of lading date"（提单日后 90 天付款），填写时需要标明提单的签发日期，如"At 90 DAYS AFTER B/L DATE (NOV. 20, 2023) Sight of this FIRST of Exchange"。

6. 收款人。在"Pay to the order of"后面的横线填写具体的收款人名称。托收方式下，一般情况可填写卖方公司名称，也可以填写卖方委托的托收行名称。

7. 付款人。托收方式下，付款人是买方，此栏填写买方公司名称、地址和国别，如：

To: IRON GRANITO COMPANY LTD.

RATHAUSMARKT 66, 20095 HAMBURG, GERMANY

8. 出票人。出票人即签发汇票的当事人。托收方式下，由卖方签发汇票。此栏填写卖方公司名称，并由出票人签名及盖公司章。

任务八　跟进买方付款

采用托收方式结算，卖方能否收回货款，完全依赖买方的信用。若买方及时到代收行付款赎单，卖方就能顺利收回货款。如果买方拒绝付款赎单，卖方的货款就不能顺利收回。即期付款交单方式下，如果买方见单后不立即履行付款责任而是拖延时间，也会影响卖方的资金回笼。托收行和代收行对于卖方能否从买方处收回货款，并没有担保的义务。

因此，采用托收方式结算时，卖方应有关于收款的风险意识。卖方到托收行办理完托收手续后，一定要跟进买方付款情况，如出现异常，应采取一定的措施防止损失进一步扩大。如买方拒付，卖方应及时了解买方拒付的原因和货物的状况，在货物未到目的港之前尽快联系买方或新的买家；在付款交单条件下，若货款未收回而货物被提走，应追究代收行的责任；如果货物已经到目的港而买方拒不付款赎单，卖方应及时处理货物或组织运回，尽量减少损失。

云资源
使用托收方式应当注意的事项

>>> 拓展实训 >>>

◆业务背景◆

2023 年 7 月 10 日，卖方深圳达成贸易有限公司（SHENZHEN DACHENG TRADING CO.,

LTD.）业务代表李力与买方 COTTON ON GROUP 签订了一份买卖无线光电鼠标的销售合同（S/C NO. CO202310）。双方约定采用 CFR BUSAN 术语成交，并规定买方必须在 2023 年 8 月 20 日前通过电汇方式支付 30%的合同金额，剩余 70%的合同金额交货后通过 D/P At Sight 的方式支付，具体合同内容见单证 2.8。

 单证 2.8

销售合同
SALES CONTRACT

卖方	SHENZHEN DACHENG TRADING CO., LTD.	编号 NO.:	CO202310
SELLER:	29TH FLOOR KINGSTAR MANSION,	日期 DATE:	JULY 10, 2023
	68 ZHONGSHAN ROAD	地点 SIGNED IN:	SHENZHEN
	SHENZHEN, CHINA		
	TEL: +86 755 125×××236		
买方	COTTON ON GROUP		
BUYER:	#455 BEON-GIL, SASANG, BUSAN, KOREA		
	TEL: +82 1256×××2589		
	E-MAIL: Yoyo@cotton××.com		

买卖双方同意按以下条款达成交易：

This contract is made by and agreed between the BUYER and SELLER, in accordance with the terms and conditions stipulated below.

1.　品名及规格 Commodity & Specification	2.　数量 Quantity	3.　单价及价格条款 Unit Price & Trade Terms	4.　金额 Amount
111-384813-000 MSC-198 2.4G Wireless Optical Mouse, Metal Gray Rubber	2,000PCS	CFR BUSAN USD3.00/PC	USD6,000.00
111-384813-001 MSC-198 2.4G Wireless Optical Mouse, Metal Green Rubber	2,000PCS	USD3.00/PC	USD6,000.00
111-384813-002 MSC-198 2.4G Wireless Optical Mouse, Metal Navy Rubber	2,000PCS	USD3.00/PC	USD6,000.00
Total:	6,000PCS		USD18,000.00

5. 总值 **Total Value**	SAY U.S. DOLLARS EIGHTEEN THOUSAND ONLY.
6. 唛头 **Shipping Marks**	N/M
7. 装运期 **Time of Shipment**	Not later than Sept. 30, 2023
8. 装运港及目的地 **Port of Loading & Destination**	FROM: SHENZHEN TO: BUSAN
9. 保险 **Insurance**	The buyer shall cover insurance.
10. 付款方式 **Terms of Payment**	The buyer must pay 30% of the sales proceeds in advance by T/T not later than Aug. 20, 2023.70% of the sales proceeds to be paid by D/P At Sight.

◆实训要求◆

　　表 2.4 是本笔业务卖方的实际履约情况，请根据业务进度和要求填写各业务环节涉及的单证（单证 2.9～单证 2.14）。

表 2.4　卖方实际履约情况

序号	出口工作实际完成情况
1	8 月 10 日已经收到买方电汇支付的 30%货款
2	卖方联系位于东莞市大朗镇美景大道 10 号的生产厂家落实货物的生产，生产厂家是 DONGGUAN SHENGDA ELECTRIC CO., LTD.。9 月 10 日工厂已完成货物的生产，三个规格的产品采用统一的包装方式，包装情况如下：20 个装一个纸箱，每箱净重 10.4kgs，每箱毛重 14kgs，纸箱尺寸为 41.5cm×20.5cm×23cm
3	9 月 10 日，卖方制作商业发票（单证 2.9）和装箱单（单证 2.10）
4	9 月 10 日，卖方联系货运代理公司订舱，填报了订舱委托书（单证 2.11），提单抬头确定填写 TO ORDER OF SHIPPER，货运代理公司回复船期为 9 月 17 日，船名及航次是 YONGYUN V.3897
5	9 月 15 日，卖方联系货运代理公司请其把货物运至货运站装箱，并准备好相关单证请其代为报检报关。在货运站完成装箱后，货运代理公司将货物运至装运港（深圳盐田港）
6	9 月 17 日货物装船后，船公司代理公司 PACIFIC INTERNATIONAL LINES (CHINA) LTD. SHENZHEN BRANCH 把海运提单（单证 2.12）传真给卖方，卖方审核提单没有问题，船公司代理公司于当天签发了一式三份正本提单，提单号是 MELP21568
7	9 月 18 日，卖方申请和制作中韩 FTA 原产地证书（单证 2.13），出口产品的 6 位商品编码是 8471.60，该货物完全由符合《中国-韩国自由贸易协定》第 3 章（原产地规则和原产地实施程序）规定的原产材料在一缔约方生产。请参照中韩 FTA 原产地标准（表 2.5）的说明填写本单证第 10 栏
8	9 月 19 日卖方到中国银行深圳分行办理托收手续，请银行按即期付款交单方式向买方收取汇票金额的款项。办理手续时填写了汇票（单证 2.14）并提交了全套单证

单证 2.9

商业发票

SHENZHEN DACHENG TRADING CO., LTD.

29TH FLOOR KINGSTAR MANSION

68 ZHONGSHAN ROAD, SHENZHEN, CHINA

COMMERCIAL INVOICE

BUYER:　　　　　　　　　　　　　　　　　INVOICE NO.: SZDC2023

　　　　　　　　　　　　　　　　　　　　　DATE:

FROM:　　　　　　　　　　TO:

TERMS OF PAYMENT:

SHIPPING MARKS:

Commodity & Specification	Quantity (PC)	Unit Price (USD)	Amount (USD)
Total:			

TOTAL AMOUNT:

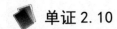 单证 2.10

装箱单

SHENZHEN DACHENG TRADING CO., LTD.

29TH FLOOR KINGSTAR MANSION

68 ZHONGSHAN ROAD, SHENZHEN, CHINA

PACKING LIST

BUYER: INVOICE NO.:

DATE:

FROM: TO:

TERMS OF PAYMENT:

SHIPPING MARKS:

Commodity & specification	Quantity (PC)	Packages (CTN)	N.W. (kg)	G.W. (kg)	Meas. (m³)
Total:					

TOTAL PACKAGE:

单证 2.11

订舱委托书

Shipper（托运人）				
Consignee or order（收货人/抬头）			订舱委托书 **BOOKING FORM**	
Notify party（通知人）				
Place of receipt（收货地点）		Port of loading（装运港）		
Port of discharge（卸货港）		Final destination（目的地）		
Marks & Nos. （唛头）	No. of containers or Packages （集装箱数或包装件数）	Description of goods （商品名称）	Gross weight （毛重） （kg）	Measurement （体积） (m³)

整柜（FCL）:　　　　×20'GP,　　　　×40'GP,　　　　×40'HQ,　　　　×45'HQ

拼柜（LCL）:

货物备妥日期（Cargo ready date）:

Original B/L ☐	Ocean freight Pre-paid ☐
TLX Release ☐	（海运费） Collect ☐
Waybill ☐	
Other ☐	Stamp/Sign of shipper Date:

单证 2.12

海运提单

1) Shipper	9) B/L NO.
2) Consignee	**ORIGINAL** **BILL OF LADING** Mariana Express Lines Pte Ltd. (incorporated in Singapore) PACIFIC ASIA EXPRESS PTY. LTD. SYDNEY LEVEL 8, 447 KENT STREET, SYDNEY NSW 2000 SYDNEY, AUSTRALIA
3) Notify Party	

4) Place of Receipt	5) Port of Loading
6) Port of Discharge	7) Place of Delivery

8) Ocean Vessel Voyage No.

10) Marks & Numbers; Kind of Pkgs; Description of Goods; Container No. and Seal No.	11) G.W. (kg)	12) Measurement (m³)

13) Total Number of Containers
    Or Packages (in words)

14) Freight & Charges	Prepaid	Collect

15) Prepaid at	16) Payable at	18) Place and Date of Issue
Total Prepaid	17) No. of Original Bills of Lading	

19) Issue by

By
As Agents for and on behalf of the Carrier
Mariana Express Lines Pte Ltd..

单证 2. 13

中韩 FTA 原产地证书

1. Exporter's name and address, country:	Certificate No.:
2. Producer's name and address, country:	**CERTIFICATE OF ORIGIN** Form for China-Korea FTA Issued in ＿＿＿＿＿＿ (See Overleaf Instruction)
3. Consignee's name and address, country:	

4. Means of transport and route (as far as known): Departure Date: Vessel/Flight/Train/Vehicle No.: Port of loading: Port of discharge:	5. Remarks:

6. Item number (Max 20)	7. Marks and Numbers on packages	8. Number and kind of packages; description of goods	9. H.S. code (Six-digit code)	10. Origin criterion	11. Gross weight, quantity (Quantity Unit) or other measures (liters, m^3, etc.)	12. Number and date of invoice

13. Declaration by the exporter: The undersigned hereby declares that the above details and statement are correct, that all the goods were produced in ＿＿＿＿＿＿＿＿＿＿＿＿ (Country) and that they comply with the origin requirements specified in the FTA for the goods exported to ＿＿＿＿＿＿＿＿＿＿＿＿ (Importing country) Place and date, signature of authorized signatory	14. Certification: On the basis of control carried out, it is hereby certified that the information herein is correct and that the goods described comply with the origin requirements specified in the China-Korea FTA. Place and date, signature and stamp of authorized body

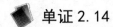 单证 2.14

汇　票

BILL OF EXCHANGE

凭

Drawn under _____

信用证　　　第　　　　号

L/C No._____

日期

Dated_____

号码　　　　汇票金额　　　　　　　　中国　年　月　日

No.　　　Exchange for _____China._____

见票　　　　　　　　日　后（本　汇　票　之　副　本　未　付）付

At _____Sight of this FIRST of Exchange (Second of exchange being unpaid)

收款人或其指定人

Pay to the order of _____

金额

The sum of _____

此致

To _____

For _____

　　提示：卖方必须按照表 2.5 所列方式填报中韩 FTA 原产地证书第 10 栏，标明其货物申明享受优惠关税待遇所依据的原产地标准。

表 2.5　中韩 FTA 原产地标准

原产地标准	填入第 10 栏
该货物根据《中国-韩国自由贸易协定》第 3.4 条（完全获得或生产的货物）或者附件 3-A（产品原产地特定规则）的规定，在一缔约方完全获得或生产	WO
该货物完全由符合《中国-韩国自由贸易协定》第 3 章（原产地规则和原产地实施程序）规定的原产材料在一缔约方生产	WP
该货物在一缔约方生产，所使用的非原产材料符合附件 3-A（产品特定原产地规则）所规定的税则归类改变、区域价值成分、工序要求或其他要求	PSR
该货物适用《中国-韩国自由贸易协定》第 3.3 条（特定货物处理）的规定	OP

>>> 理论测试 >>>

一、单项选择题

　　1. 根据《2020 通则》的解释，按 CFR 术语成交，卖方无（　　　）的义务。

　　　A. 提交货运单证　　　　　　　　B. 租船订舱

　　　C. 办理货运保险　　　　　　　　D. 办理出口报关手续

2．托收支付方式下，汇票付款人应填（　　）。

    A．卖方　　　　　　　　B．买方　　　　　　　　C．代收行　　　　　　　　D．托收行

3．托收业务属于商业信用是因为（　　）。

    A．没有银行参与　　　　　　　　　　　　B．出票人开立的汇票是银行汇票

    C．银行不承担保证付款的义务　　　　　　D．以上都对

4．海运提单是（　　）的说法是不正确的。

    A．货物收据　　　　　　　　　　　　　　B．运输合同的证明

    C．物权凭证　　　　　　　　　　　　　　D．无条件支付命令

5．采用托收方式支付的合同，卖方能否按时收到约定的款项，完全取决于（　　）。

    A．买方的信用　　　　B．合同的履行　　　　C．卖方的能力　　　　D．银行的实力

6．某公司签发一张汇票，上面注明"AT******SIGHT"，这张汇票是（　　）。

    A．即期汇票　　　　B．承兑汇票　　　　C．远期汇票　　　　D．商业汇票

7．采用托收方式支付的合同，卖方交货后开立汇票委托银行收款，此汇票是（　　）。

    A．即期汇票　　　　B．远期汇票　　　　C．商业汇票　　　　D．银行汇票

8．其他条件相同的情况下，（　　）支付条款对卖方最有利。

    A．The buyer must pay 100% of the invoice value by D/P At Sight .

    B．The buyer must pay 30% of the invoice value by T/T not later than June 20, 2023, the 70% balance pay by D/P At Sight.

    C．The buyer must pay 40% of the invoice value by T/T not later than June 20, 2023, the 60% balance pay by D/P At Sight.

    D．The buyer must pay 40% of the invoice value by T/T not later than June 20, 2023, the 60% balance pay by D/P At 90 days after Sight.

9．依据中瑞双方签署的《中国-瑞士自由贸易协定》，我国出口属于瑞方关税减让表项下的产品到瑞士，只要符合相应的原产地规则，优先考虑申领的原产地证是（　　）。

    A．CO

    B．FORM RCEP

    C．FORM A

    D．Certificate of Origin used in FTA between China and Switzerland

10．在出口业务中，如采用托收支付方式，卖方应争取使用（　　）术语成交。

    A．FOB　　　　　　　B．CFR　　　　　　　C．FCA　　　　　　　D．CIF

二、多项选择题

1．根据《2020 通则》的解释，按 CFR 术语成交，卖方有（　　）的义务。

    A．把货物运至装运港装船

    B．订立把货物从装运港运至目的港的运输合同并承担运费

    C．办理货运保险并承担保险费

    D．办理出口报关手续

2．跟单托收按交单条件的不同分为（　　）。

    A．信用证托收　　　　B．电汇托收　　　　C．付款交单　　　　D．承兑交单

3．（　　）的托收方式使用了远期汇票。

  A.　即期付款交单（D/P At Sight）

  B.　30 天远期付款交单（D/P 30 days after Sight）

  C.　60 天远期付款交单（D/P 60 days after Sight）

  D.　承兑交单（D/A）

4.（　　）属于双向优惠原产地证。

  A.　FORM A   B.　FORM B   C.　FORM E

  D.　FORM F   E.　CO

5. 我国生产的产品出口到（　　），可以优先考虑申领 FORM E。

  A.　泰国   B.　越南   C.　印度尼西亚

  D.　日本   E.　韩国

6. 海运提单中，价格条件为（　　）时，应有 "FREIGHT PREPAID" 字样。

  A.　FCA 或 FOB B.　CFR 或 CPT C.　CIF 或 CIP   D.　FAS 或 EXW

7. 集装箱运输方式下，货主整箱交、整箱收（FCL-FCL）的情况下，其与承运人的交接地点可以选择（　　）。

  A.　CY TO CY   B.　DOOR TO DOOR C.　CFS TO CFS

  D.　CY TO DOOR E.　DOOR TO CFS F.　DOOR TO CY

8. 船方出具的提单上注明 "Shipped on board May 15th, 2023" "SHIPPERS'LOAD & COUNT & SEAL, CARRIER NOT RESPONSIBLE" "To order of shipper" 字样，此提单是（　　）。

  A.　已装船提单 B.　备运提单   C.　清洁提单

  D.　不清洁提单 E.　指示提单   F.　记名提单

三、判断题

1. 采用托收方式结算货款，提单抬头建议填写 TO ORDER 或 TO ORDER OF SHIPPER，一般不填写记名抬头。（　　）

2. Waybill，即海运单，是一种非流通性的单证，不能转让，其不具备海运提单物权凭证的特性。要求 Consignee 栏具体标明收货人信息。（　　）

3. 在中国，各出口口岸的海关是签发 FORM E、FORM B 等原产地证的官方机构。（　　）

4. 我国从泰国、缅甸、越南、老挝、马来西亚、新加坡等东盟成员方进口农产品，应要求卖方提供 FORM E，以便我方向海关申报进口时享受优惠的关税待遇。（　　）

5. 背书是转让单证的一种法定手续，是由持单人在单证背面签上自己的名字或再加上受让人的名字，并把单证交给受让人的行为。（　　）

6. 承运人一般签发两份正本提单，也可以应收货人的要求签发两份以上正本提单，每份正本提单的效力不同，其中一份可以用来提货。（　　）

7. 空白抬头、空白背书的提单是指既不填写收货人名称也不需要背书即可转让的提单。（　　）

8. 卖方采用 D/P At Sight 比采用 D/P At 60 days after Sight 承担的风险要大。（　　）

9. 以电汇和托收支付方式结算货款的合同，卖方开立的商业发票，其抬头一般写买方。（　　）

10. 采用托收方式结算货款，建议选择签发正本提单，不适宜电放货物和签发海运单。（　　）

项目三

CIF 术语成交、L/C 支付的海运外贸业务

>>> 学习目标 >>>

从卖方的角色出发，通过学习本项目，要求掌握信用证的内容、学会根据合同条款以及《UCP600》的规则审核信用证的相关条款，熟悉以 CIF 术语成交、L/C 支付的海运外贸业务的工作过程并能依此制订出口工作计划，掌握履约过程各工作任务的执行要求并学会该工作过程中有关单证的制作，养成细心、耐心的工作作风，熟悉《UCP600》的规则，保证提交相符的单证，顺利得到开证行的付款。

>>> 任务描述 >>>

本次业务以 CIF 术语成交，采用 L/C 支付。卖方在收到信用证后，需要对信用证进行审核，明确信用证的要求。如信用证条款没有问题，卖方可按合同和信用证的要求备妥货物，办理把货物运至目的港的订舱手续、支付运费，同时还需要在货物装船前办理货运保险手续。卖方可委托报检报关也可以自行报检报关，注意要严格按照信用证条例 "46A Documents Required" 的要求制作和备妥相关单证并在信用证规定的交单期内同时也必须在信用证规定的截止日前向出口地银行（通知行或议付行）提交相符单证，保证顺利结算货款。

>>> 业务背景 >>>

（一）进出口双方签订合同

2023 年 10 月 22 日，卖方 GUANGDONG KOWIN EXPORT & IMPORT CO., LTD.业务代表王泽与买方 RUDOLPH DESCO LIMITED 通过电子邮件进行磋商，双方就一批家具的交易条件达成了一致意见。10 月 23 日，王泽起草了一份销售合同，并把一式两份卖方签名盖章后的销售合同通过国际快递寄送给买方。同时，王泽通过电子邮件给买方发出一份信函，告知买方销

售合同已经寄出，并请其签名盖章后寄回一份以便卖方存档。

10 月 29 日，卖方收到经买方签名及盖章的销售合同一份（S/C NO. GDKE231022），见单证 3.1。

 单证 3.1

销售合同

SALES CONTRACT

卖方 **SELLER:**	GUANGDONG KOWIN EXPORT & IMPORT CO., LTD. Room 23, F16, Block B, Hongyi Buiding Materials City, North HeNan Industry Road, Chancheng District, Foshan, Guangdong, P. R. China.	编号 NO.: GDKE231022 日期 DATE: OCT. 22, 2023 地点 SIGNED IN: FOSHAN
买方 **BUYER:**	RUDOLPH DESCO LIMITED UNION HOUSE, ERIDGE ROAD, NEW YORK, US	

买卖双方同意按以下条款达成交易：

This contract is made by and agreed between the BUYER and SELLER, in accordance with the terms and conditions stipulated below.

1. 品名及规格 **Commodity & Specification**	2. 数量 **Quantity**	3. 单价及价格条款 **Unit Price & Trade Terms**	4. 金额 **Amount**
OFFICE WOODEN FURNITURE		CIF NEW YORK	
DS2011 Office table 2M	30 PCS	USD200.00	USD6,000.00
DS1803 Office table 1.8M	50 PCS	USD180.00	USD9,000.00
DS1401 Small office table 1.4M	50 PCS	USD120.00	USD6,000.00
DS1504 Center table	300 PCS	USD20.20	USD6,060.00
DS5120 Sofa set 1+1+3	30 PCS	USD305.00	USD9,150.00
DS6215 Office chair 2seaters	100 PCS	USD35.00	USD3,500.00
Total:	560 PCS		39,710.00

允许 **With**	<u>10%</u>	溢短装，由卖方决定 More or less of shipment allowed at the seller's option
5. 总值 **Total Value**		SAY US DOLLARS THIRTY NINE THOUSAND SEVEN HUNDRED AND TEN ONLY.
6. 唛头 **Shipping Marks**		At seller's option.
7. 装运期 **Time of Shipment**		**Not later than Dec. 15, 2023**
8. 装运港及目的地 **Port of Loading & Destination**		FROM: GUANGZHOU TO: NEW YORK
9. 保险 **Insurance**		The seller shall cover insurance against WPA and Clash & Breakage for 110% of the invoice value as per the relevant ocean marine cargo clauses of PICC dated 2018.
10. 付款方式 **Terms of Payment**		The buyer shall open through a bank acceptable to the sellers an irrevocable sight letter of credit to reach the sellers 7 days before the month of shipment, valid for negotiation in China until the 15th day after the month of shipment.

The Buyer   The Seller

RUDOLPH DESCO LIMITED   GUANGDONG KOWIN EXPORT & IMPORT CO., LTD.

（二）开证行开立信用证

　　买方按合同规定，及时向开证行 MIDLAND BANK PLC (ALL U. S. A. OFFICES) NEW YORK 申请开立了一份以卖方为受益人的信用证。2023 年 11 月 4 日通知行 CHINA GUANGFA BANK CO., LTD.(HEAD OFFICE)收到信用证后，把信用证内容通过其佛山分行通知受益人，即卖方。

　　单证 3.2 是受益人从通知行处收到的信用证，信用证号码为 MBP21911562。

单证 3.2

```
·····························BEGINNING OF MESSAGE ·····························
Own Address          : GDBKCN22A××× CHINA GUANGFA BANK CO., LTD.(HEAD OFFICE)
Output Message Type  : 700      MT700
Input Time           : 1436
Send by              : MIDLBPUSA×××   MIDLAND BANK PLC (ALL U.S. A. OFFICES)
                       NEW YORK
Output Date/Time     : 231104/1436
Priority             : Normal
```

27: Sequence of Total	1/1
40A: Form of Documentary Credit	IRREVOCABLE
20: Documentary Credit Number	MBP21911562
31C: Date of Issue	231104
40E: Applicable Rules	UCP LATEST VERSION
31D: Date and Place of Expiry	231225 BENEFICIARIES' COUNTRY
50: Applicant	RUDOLPH DESCO LIMITED
	UNION HOUSE, ERIDGE ROAD, NEW YORK, US
	FAX: +001 212 94×××58
59: Beneficiary	GUANGDONG KOWIN EXPORT & IMPORT CO., LTD.
	ROOM 23, F16, BLOCK B, HONGYI BUILDING
	MATERIALS CITY, NORTH HENAN INDUSTRY ROAD,
	CHANCHENG DISTRICT, FOSHAN, GUANGDONG, P.R. CHINA
	TEL: +86 836×××11
32B: Currency Code, Amount	USD39,710.00
41D: Available with…by…	ANY BANK IN CHINA BY NEGOTIATION
42C: Drafts at…	AT SIGHT
42D: Drawee	ISSUING BANK
43P: Partial Shipments	NOT ALLOWED
43T: Transshipment	ALLOWED
44E: Port of Loading/Airport of Departure	GUANGZHOU, CHINA
44F: Port of Discharge/Airport of Destination	NEW YORK, US
44C: Latest Date of Shipment	231215
45A: Description of Goods and/or Services	560 PCS OF OFFICE WOODEN FURNITURE
	DETAILS AS PER
	S/C NO. GDKE231022 DATED OCT. 22, 2023
	CIF NEW YORK

46A: Documents Required

+ ORIGINAL SIGNED COMMERCIAL INVOICE IN DUPLICATE, AND ALSO SHOW THE FREIGHT CHARGE, PREMIUM AND FOB VALUE SEPARATELY.

+ ORIGINAL PAKCING LIST IN DUPLICATE.

+ FULL SET CLEAN ON BOARD MARINE BILL OF LADING CONSIGNED TO THE ORDER
  OF SHIPPER MARKED FREIGHT PREPAID AND NOTIFY APPLICANT, INDICATING THIS L/C NUMBER.

+ INSURANCE POLICY OR CERTIFICATE IN DUPLICATE ENDORSED IN BLANK FOR 110% OF THE INVOICE VALUE COVERING WPA AND CLASH & BREAKAGE AS PER PICC DATED 2018. CLAIM IF ANY, PAYABLE IN THE CURRENCY OF THE DRAFT.

+ CERTIFICATE OF CHINESE ORIGIN.

+ SHIPPING ADVICE FROM BENEFICIARY TO APPLICANT EVIDENCING B/L NO., NAME OF VESSEL AND VOYAGE NO., PORT OF LOADING, PORT OF DISCHARGE, SHIPMENT DATE, QUANTITY AND VALUE OF GOODS.

+ BENEFICIARY'S CERTIFICATE REQUIRED CERTIFYING THAT A NON-NEGOTIABLE BILL OF LADING TOGETHER WITH COPY OF OTHER DOCUMENTS WERE SENT DIRECTLY TO APPLICANT AFTER 2 DAYS FROM SHIPMENT DATE.

47A: Additional Conditions

+A DISCREPANCY FEE OF USD50.00 WILL BE IMPOSED ON EACH SET OF DOCUMENTS
   PRESENTED FOR NEGOTIATION UNDER THIS L/C WITH DISCREPANCY. THE FEE WILL
   BE DEDUCTED FROM THE BILL AMOUNT.

71B: Charges   ALL BANK CHARGES OUTSIDE US
                                  INCLUDING REIMBURSING BANK COMMISSION
                                  AND DISCREPANCY FEE (IF ANY) ARE FOR
                                  BENEFICIARIES' ACCOUNT.

48: Period for Presentation in Days   010

49: Confirmation Instructions   WITHOUT

78: Instructions to the Paying/Accepting/Negotiating Bank

+ UPON RECEIPT OF THE DOCUMENTS IN COMPLIANCE WITH THE TERMS AND CONDITIONS OF THIS CREDIT, WE WILL REIMBURSE THE NEGOTIATING BANK IN ACCORDANCE WITH THEIR INSTRUCTION.

57D: Advise Through Bank – Name/address
   YOUR BRANCH AT 31 TONG JI ROAD FOSHAN, GUANGDONG CHINA
                          A/C 29022101093

5:   TRAILER BLOCK:

: MAC/MESSAGE AUTHENTICATION CODE: 52BB0CC0

: CHK/CHECKSUM RESULT   : 0601C3C06972

··END OF FORWARDED MESSAGE··

>>> 发布任务 >>>

    以本项目业务背景的外贸业务为执行对象，从卖方的角色出发，依据合同和信用证的要求，以交货和收取货款为工作中心，完成从核对合同和审核信用证内容开始，到制订出口工作计划，然后按计划履行进出口合同等的全过程，具体工作任务如图 3.1 所示。在此工作过程中，卖方同时需要制作商业发票和装箱单、填报订舱委托书、填报投保单和保险单、填报（审核）海运提单、填报一般原产地证、制作装运通知、制作受益人证明和开立汇票。

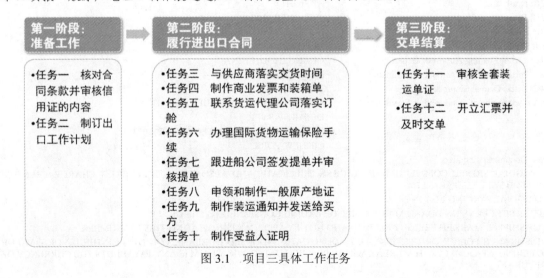

图 3.1 项目三具体工作任务

任务一　核对合同条款并审核信用证的内容

知识回顾

目前的电开信用证主要为 SWIFT 信用证。SWIFT 是环球银行金融电信协会（Society for Worldwide Interbank Financial Telecommunication）的简称。该协会设有自动化的国际金融电信网，协会的成员银行可以通过该电信网办理开立信用证以及外汇买卖、证券交易、托收、保险、汇款等业务。通过 SWIFT 系统传递信用证的信息，即通过 SWIFT 开立或通知的信用证称为"SWIFT 信用证"，也称"环银电协信用证"。

SWIFT 在互联网上有专用服务器，各成员银行也有相应的计算机软硬件，用于登录、收发 SWIFT 电子文件。SWIFT 电子文件与一般的电子邮件不同，它有专用的格式——message type（MT）。其中用于信用证开证的报文格式为 MT700 和 MT701，用于修改信用证的报文格式为 MT707 与 MT708，用于转通知信用证的报文格式为 MT710 与 MT711，用于转让信用证的报文格式为 MT720 与 MT721。

> **云资源**
>
> 信用证通知书和信用证

信用证电文由报头、正文和报尾三个部分组成，其中报头和报尾主要供银行间收发 SWIFT 电文用，报头位置一般可显示开证行的信息和收发报的时间，卖方需要看明白的主要是正文中带编码的条款。正文的条款由条款名称、条款编码和条款内容等三个部分构成。条款名称和编码是固定的，其在信用证报文中出现的次序也是固定的，条款内容则根据实际情况有所变化。

【例】

条款编码	条款名称	条款内容
32B: CURRENCY CODE, AMOUNT		USD30,000.00
32B: 信用证结算货币和金额		30,000 美元

有些条款内容较多或分为几个部分罗列，此时该条款通常会用"1""2""3"或"+"等符号进行分段，但只要是在同一个编码下，就都属于同一个性质的内容。

熟悉信用证条款编码对应的条款名称有助于我们快速掌握信用证条款内容，表 3.1 是信用证 MT700 报文条款编码对应的条款名称和内容简介。

 实训操作

核对合同条款和信用证条款，明确本次业务的交易条件及履约的具体要求，为出口履约做好准备。

请审核信用证（号码 MBP21911562，见单证 3.2），用中文填写信用证分析表（表 3.2），并注意该信用证内容与销售合同（S/C NO. GDKE231022）是否有冲突。

表 3.1　信用证编码内容简表

条款编码	条款名称	含　义	性　质
27	Sequence of Total	报文次序	必选项
40A	Form of Documentary Credit	跟单信用证类型	必选项
20	Documentary Credit Number	信用证号码	必选项

条款编码	条款名称	含　义	性　质
23	Reference to Pre-advice	预先通知号码	可选项
31C	Date of Issue	开证日期	必选项
40E	Applicable Rules	信用证适用规则	必选项
31D	Date and Place of Expiry	信用证有效期与到期地点	必选项
51a	Applicant Bank	开证申请人的银行	可选项，出现在具体的信用证中可为51A或51D，以A的形式出现时是银行的SWIFT CODE，以D的形式出现时是银行的名称和地址
50	Applicant	开证申请人	必选项
59	Beneficiary	信用证受益人	必选项
32B	Currency Code, Amount	信用证结算货币与金额	必选项
39A	Percentage Credit Amount Tolerance	信用证金额允许浮动范围	可选项
39C	Additional Amounts Covered	额外金额	可选项
41a	Available with...by...	指定银行及信用证兑用方式	必选项，出现在具体的信用证中可为41A或41D，以A的形式出现时是银行的SWIFT CODE，以D的形式出现时是银行的名称和地址或ANY BANK
42C	Drafts at	汇票到期日	可选项，必须与42a配合使用
42a	Drawee	汇票付款人	可选项，必须与42C配合使用，出现在具体的信用证中可为42A或42D，以A的形式出现时是银行的SWIFT CODE，以D的形式出现时是银行的名称和地址
42M	Mixed Payment Details	混合付款指示	可选项
42P	Negotiation/Deferred Payment Details	议付/延期付款指示	可选项
43P	Partial Shipments	分批装运条款	可选项
43T	Transshipment	转运条款	可选项
44A	Place of Taking in charge/Dispatch from.../Place of Receipt	接受监管地/发运地/收货地	可选项
44E	Port of Loading/Airport of Departure	装运港/起运地机场	可选项
44F	Port of Discharge/Airport of Destination	卸货港/目的地机场	可选项
44B	Place of Final Destination/For Transportation to.../Place of Delivery	最终目的地/运往……/交货地	可选项
44C	Latest Date of Shipment	最迟装船日期	可选项，不能与44D同时出现
44D	Shipment Period	装运期间	可选项，不能与44C同时出现
45A	Description of Goods and/or Services	货物/服务描述	可选项
46A	Documents Required	单证要求	可选项
47A	Additional Conditions	附加条款	可选项
9G	Special Payment Conditions for Beneficiary	对受益人的付款安排指示	可选项
49H	Special Payment Conditions for Receiving Bank	对收报行的付款安排指示	可选项
71D	Charges	费用情况	可选项
48	Period for Presentation in Days	用天数来表示的交单期	可选项
49	Confirmation Instructions	保兑指示	必选项
58a	Requested Confirmation Party	被要求保兑的银行	可选项
53a	Reimbursing Bank	偿付银行	可选项，出现在具体的信用证中可为53A或53D，以A的形式出现时是银行的SWIFT CODE，以D的形式出现时是银行的名称和地址
78	Instruction to the Paying/Accepting/Negotiating Bank	给付款行/承兑行/议付行的指示	可选项

条款编码	条款名称	含 义	性 质
57a	Advise Through Bank	收报行以外的通知行	可选项，出现在具体的信用证中可为 57A、57B 或 57D，以 A 的形式出现时是银行的 SWIFT CODE，以 B 的形式出现时是收报行的当地分行，以 D 的形式出现时是银行的名称和地址
72Z	Sender to Receiver Information	附言（银行间备注）	可选项

表 3.2　信用证分析表

信用证本身的说明	信用证种类		有效期	
	信用证号码		到期地点	
	信用证开证日期		交单期	
	币种、金额			
信用证当事人	开证行		通知行	
	开证申请人		受益人	
	兑用银行			
汇票条款	出票人		付款人	
	付款期限		汇票金额	
货物条款	品名		包装	
	数量		贸易术语	
	合同号		溢短装	
装运条款	装运港		分批装运	
	目的港		转船	
	最迟装运期			
单证条款	单证名称	（请详细注明单证的要求）		
	商业发票			
	装箱单			
	海运提单			
	保险单证			
	原产地证			
	装船通知			
	受益人证明			
特殊条款				

任务二　制订出口工作计划

王泽对信用证内容进行审核后，认为信用证的内容与销售合同相符，没有不合理的条款，信用证条款内容是可执行的。

请以外贸业务员王泽的身份，根据上述销售合同和信用证的要求编制一份详细的出口工作计划（表3.3）。

表 3.3　S/C NO. GDKE231022 及 L/C NO. MBP21911562 出口工作计划

序号	出口工作计划
1	
2	
3	
4	
5	
6	
7	
8	
9	
10	
11	

任务三　与供应商落实交货时间

2023 年 11 月 6 日，依据销售合同和信用证的规定，王泽与供应商联系，就产品质量、规格、数量、包装等要求与供应商进行确认。最后双方落实供应商的交货时间是 2023 年 11 月底，并要求供应商承担产品的包装费用。

2023 年 11 月 20 日，王泽再次与供应商确认货物生产进度，并请供应商提供产品的详细包装资料。表 3.4 为本批货物的具体包装资料。王泽要求供应商在产品的外包装上正确刷写唛头，唛头的标记为 "RUDOLPH/NEW YORK/CTN NOS.1-1260"。

表 3.4 产品包装明细

规格	件	箱	净重（kg）	毛重（kg）	体积（m³）
DS2011	30	120	4,700	4,820	9.2
DS1803	50	200	4,500	4,700	12.5
DS1401	50	150	5,500	5,680	10.3
DS1504	300	600	6,000	6,600	9.5
DS5120	30	90	6,000	6,090	10.2
DS6215	100	100	7,000	7,100	9.7

任务四 制作商业发票和装箱单

课堂练习

目的：学会核算保险金额和保险费，并把 CIF 价格换算成 FOB 价格。

题目：信用证（NO. MBP21911562）要求商业发票上必须单独标明运费、保险费和 FOB 价格。本次卖方支付的运费为 4,500 美元，卖方按照信用证的要求投保了水渍险和碰损破碎险，保险费率分别为 0.5% 和 0.1%。请核算保险金额是多少，卖方需要支付的保险费是多少，并核算 FOB 价格。

实训操作

请以王泽的身份，根据销售合同（NO. GDKE231022）规定的数量和表 3.4 完成商业发票（单证 3.3）和装箱单（单证 3.4）的制作。同时注意信用证（NO. MBP21911562）对制作商业发票和装箱单的要求。

提示：在制作商业发票前请先完成上述课堂练习。

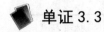单证 3.3

GUANGDONG KOWIN EXPORT & IMPORT CO., LTD.
ROOM 23, F16, BLOCK B, HONGYI BUILDING MATERIALS CITY, NORTH HENAN INDUSTRY ROAD,
CHANCHENG DISTRICT, FOSHAN GUANGDONG, P.R. CHINA
TEL: +86 836×××11

COMMERCIAL INVOICE

BUYER: INVOICE NO.: GDKE231201

DATE:

FROM: TO:

TERMS OF PAYMENT:

SHIPPING MARKS:

Commodity & Specification	Quantity (PC)	Unit Price (USD/PC)	Amount (USD)
Total:			

TOTAL AMOUNT:

FREIGHT:

PREMIUM:

FOB VALUE:

单证 3.4

GUANGDONG KOWIN EXPORT & IMPORT CO., LTD.
ROOM 23, F16, BLOCK B, HONGYI BUILDING MATERIALS CITY, NORTH HENAN INDUSTRY ROAD,
CHANCHENG DISTRICT, FOSHAN GUANGDONG, P.R. CHINA
TEL: +86 836×××11

PACKING LIST

BUYER: INVOICE NO.: GDKE231201
                                          DATE:

FROM: TO:
TERMS OF PAYMENT:
SHIPPING MARKS:

Container No./ Seal No.	Commodity & Specification	Quantity (PC)	Packages (CTN)	N.W. (kg)	G.W. (kg)	Meas. (m³)
Total:						

TOTAL MEASUREMENT:
TOTAL PACKAGE:

 知识回顾

1. 《UCP600》对商业发票的规定

《UCP600》第十八条对商业发票有如下规定。

a. 商业发票。

i. 必须看似由受益人出具（第三十八条规定的情形除外，即如果信用证已转让，银行也可

接受由第二受益人出具的发票）；

　　ii. 必须出具成以申请人为抬头（第三十八条 g 款规定的情形除外，即如果信用证已转让，可用第一受益人的名称替换原证中的开证申请人名称）；

　　iii. 必须与信用证的货币相同；

　　iv. 无须签名。

　　b. 按指定行事的指定银行、保兑行（如有）或开证行可以接受金额大于信用证允许金额的商业发票，其决定对有关各方均有约束力，只要该银行对超过信用证允许金额的部分未做承付或者议付。

　　c. 商业发票上的货物、服务或履约行为的描述应该与信用证中的描述一致。

　　2. 实际业务操作注意事项

　　（1）按《UCP600》的规定，除可转让信用证外，商业发票由受益人开具，以开证申请人为抬头，使用与信用证相同的货币单位，而且不需要签名。但信用证中通常会规定 "Signed Commercial Invoice"，所以实际业务中受益人通常提交有公司盖章及签名的商业发票。

　　（2）虽然银行可接受金额大于信用证金额的商业发票，但对超出部分的金额银行将不予付款。所以实际业务中受益人开立的商业发票金额与信用证金额一致。

　　（3）商业发票上商品名称或商品描述需与信用证中的商品描述保持一致，即与 "45A: Description of Goods and/or Services" 条款保持一致。

　　（4）保持单证一致是得到开证行付款的前提条件，受益人务必熟悉信用证对单证的所有要求。如信用证规定 "ORIGINAL SIGNED COMMERCIAL INVOICE IN DUPLICATE, AND ALSO SHOW THE FREIGHT CHARGE, PREMIUM AND FOB VALUE SEPARATELY." 此时在商业发票中必须按要求分别标明运费、保险费和 FOB 价格。又如，信用证规定 "SIGNED COMMERCIAL INVOICE IN 2 FOLDS, CERTIFYING EACH ITEM IS LABELED MADE IN CHINA." 此时在商业发票中必须按要求标明以下内容："WE HEREBY CERTIFYING THAT EACH ITEM HAS BEEN LABELLED MADE IN CHINA."

任务五　联系货运代理公司落实订舱

子任务一　填报货运代理公司发来的订舱委托书

实训提示

　　本笔业务采用 CIF NEW YORK 成交，卖方需订立把货物运至指定目的港的运输合同并支付运费。实际业务中，卖方一般委托货运代理公司办理订舱手续，由货运代理公司向船公司提出订舱申请。

　　卖方委托货运代理公司办理订舱，不仅可以获得专业的货运服务，还可以获得优惠的运价。

实训操作

　　2023 年 12 月 1 日，王泽与货运代理公司联系，落实订舱事项。货运代理公司发来一份订舱委托书（单证 3.5），请根据销售合同和信用证的要求填写此份订舱委托书。该批出口产品的商品编码是 9403.3000.90。

 单证 3.5

广州市平安运国际物流有限公司
WINCOME LOGISTICS CO., LTD.
Room 1901, Rujun Building, No.105 Zhongxing Road, Baiyun District, Guangzhou, China
广州市白云区中兴路 105 号儒骏大厦 1901

Shipper （Full name & Address）（发货人）	WINCOME LOGISTICS CO., LTD. 广州市平安运国际物流有限公司 Contact: Jimmy Wang Tel: + 86 2 286×××45-603 E-mail: jimmy@wincologi×××cs.com
Consignee or order （收货人/抬头）	Service Term（运输条款） ☐ CY/CY　　☐ CFS/CFS ☐ DOOR/CY　☐ CY/DOOR ☐ DOOR/DOOR 20GP　　40GP 40HQ　LCL　AIR
Notify party （通知人）	Freight & charges（运费与附加费） ☐ PREPAID　☐ COLLECT （运费预付）　（运费到付）

Place of Receipt（收货地点）	Cargo ready date（货物备妥日期）	H.S. CODE: 是否含油 是否含电池 是否收齐货款
Vessel/Voy No.（船名/航次）	Port of loading（装运港）	
Port of discharge（卸货港）	Final destination（目的地）	

Marks & Nos.（唛头）	Number and Kind of Packages（包装件数及包装种类）	Description of Goods（商品名称）	Gross Weight（kg）毛重（千克）	Measurement（m³）体积（立方米）

Remarks（备注）

All transactions are subject to the Company's Standard Trading Conditions
(copies available on request from the Company) and which, in certain cases,
exclude or limit the Company's liability.

是否需要委托我司安排拖车：
拖车地址：

是否需要委托我司安排报关：

Booking Required By company chop & authorized signature	Tel No.（电话）: 1385×××8961 Fax No.（传真）: Contact person（联系人）: Jimmy Wang

知识回顾

1. 信用证支付方式下订舱委托书抬头栏填写注意事项

在实际业务中，Consignee 栏需要按照信用证对提单抬头栏的规定填写，填写的内容必须与信用证保持一致。填写示范如下。

（1）信用证规定："BILL OF LADING CONSIGNED TO LIAN AIK HANG TRADING CORP. VIA A. DE GASPERL 24018 VILLA DALME ITALY"。订舱委托书该栏的填写示范如下：

> Consignee or order （收货人/抬头）
> LIAN AIK HANG TRADING CORP.
> VIA A. DE GASPERL
> 24018 VILLA DALME ITALY

（2）信用证规定："BILL OF LADING CONSIGNED TO ORDER"或"BILL OF LADING MADE OUT TO ORDER"。订舱委托书该栏的填写示范如下：

> Consignee or order （收货人/抬头）
> TO ORDER

信用证规定："BILL OF LADING MADE OUT TO ORDER OF SHIPPER"。订舱委托书该栏的填写示范如下：

> Consignee or order （收货人/抬头）
> TO ORDER OF SHIPPER

信用证规定："BILL OF LADING MADE OUT TO ORDER OF ISSUING BANK"。如开证行是"UNITED OVERSEAS BANK（MALAYSIA）BHD"，则订舱委托书该栏的填写示范如下：

> Consignee or order （收货人/抬头）
> TO ORDER OF UNITED OVERSEAS
> BANK （MALAYSIA） BHD

云资源

通关无纸化出口放行通知书

2. 信用证支付方式下订舱委托书备注栏填写注意事项

Remarks（备注）栏用于托运人根据业务的实际情况填报需要提示承运人在订舱、配载、装卸、装运、签发提单或需要出示其他证明等方面的要求。例如：说明船期不得晚于某个时间，或说明签发提单时需要在提单上特别记载的内容，或说明对船舶船籍、船龄和航行路线的限制并需要船公司出示证明文件等。

 课堂练习

目的： 熟悉运输环节有关基本原则的应用。

题目：

1. 明确运费支付方式与贸易术语的关系。请标明以下运费支付方式在什么贸易术语下应用。

（1）FREIGHT PREPAID：_____

（2）FREIGHT COLLECT: _____

2. 请说明集装箱整箱（FCL）和拼箱（LCL）的交接方式。

子任务二　委托货运代理公司办理报关

2023年12月2日，货运代理公司回复王泽，已经与承运人 SINOTRANS GUANGZHOU COMPANY 落实了舱位，装运港口是广州黄埔，船舶装货时间预定是 2023 年 12 月 10 日，船名及航次是 HONGYUN V.1258。

接着，王泽与货运代理公司预订 2 个 20 英尺的干货集装箱并安排拖车。2023 年 12 月 8 日，供应商按约定的数量（即按 S/C NO. GDKE231022 规定的数量）和表 3.4 的要求完成包装并安排货物装柜，装柜情况如表

表 3.5　产品装柜明细

集装箱号/铅封号	产品规格	件数	箱数号码
MEDU6091188 FKS1256769	DS2011	30	1～120
	DS1803	50	121～320
	DS1401	50	321～470
MEDU6018965 KLY2251289	DS1504	300	471～1070
	DS5120	30	1071～1160
	DS6215	100	1161～1260

3.5 所示。完成装柜后，货运代理公司把货物运到装运港广州黄埔。货运代理公司向中国电子口岸报关系统输入报关信息并顺利通过审核，报关工作完成。

任务六　办理国际货物运输保险手续

知识回顾

以 CIF 术语成交时，需由卖方按合同的要求办理投保手续，此时，卖方即为投保人。被保险人是指受保险合同保障的人，在保险事故发生时或保险期满时有权依据保险合同向保险人请求损失赔偿或领取保险给付金。卖方投保时，通常设定自己作为保险单的被保险人。

（一）保险险别

1. 我国海运货物保险险别

保险险别是指保险人对风险和损失的承保责任范围。根据中国人民财产保险股份有限公司（PICC Property and Casualty Company Limited）制定的海洋运输货物保险条款（2018 版）（Ocean Marine Cargo Clauses dated 2018）的规定，我国海运货物保险险别如表 3.6 所示。

2. 伦敦保险协会海运货物保险条款

英国是一个海运历史悠久和海运业务比较发达的国家，长期以来，它所制定的各种保险规章制度，对世界各国有着广泛的影响，其中包括海运保险单格式和保险条款。目前，世界上有很多国家在海运保险业务中直接采用伦敦保险协会制定的《协会货物条款》（institute cargo clauses，ICC）或者在制定本国保险条款时参考或部分采用上述条款。

表 3.6　我国海运货物保险险别

	具体险别名称	承保范围
基本险别	平安险 FPA，free from particular average	（1）被保险货物在运输途中由于恶劣气候、雷电、海啸、地震、洪水（等①）自然灾害造成整批货物的实际全损或推定全损； （2）由于运输工具遭受搁浅、触礁、沉没、互撞、与流冰或其他物体碰撞，以及失火、爆炸（等）意外事故造成货物的全部或部分损失； （3）在运输工具已经发生搁浅、触礁、沉没、焚毁（等）意外事故的情况下，货物在此前后又在海上遭到恶劣气候、雷电、海啸等自然灾害所造成的部分损失； （4）在装卸或转运时由于一件或数件整件货物落海所造成的全部或部分损失； （5）被保险人对遭受承保责任内危险的货物采取抢救、防止或减少货损的措施所支付的合理费用，但以不超过该批被救货物的保险金额为限； （6）运输工具遭遇海难后，在避难港由于卸货所引起的损失以及在中途港、避难港由于卸货、存仓以及运送货物所产生的特别费用； （7）共同海损的牺牲、分摊和救助费用； （8）运输合同中订有"船舶互撞责任"条款的，根据该条款规定应由货方偿还船方的损失
	水渍险 WPA/WA，with particular average	（1）平安险所承保的范围； （2）被保险货物由于恶劣气候、雷电、海啸、地震、洪水（等）自然灾害所造成的部分损失
	一切险 All risks	（1）水渍险所承保的范围； （2）被保险货物由一般外来风险所造成的全部损失或部分损失
一般附加险	偷窃、提货不着险 T.P.N.D，theft, pilferage and non-delivery	货物因遭偷窃，以及货物运抵目的地以后，货物的全部或整件提货不着的损失
	淡水雨淋险 F.W.R.D，fresh water & rain damage	因淡水、雨水、融雪，包括舱汗、船舱淡水管漏水等造成货物浸水导致的损失
	短量险 risk of shortage	通常指袋装或散装货的数量或重量短少的损失
	混杂、沾污险 risk of intermixture & contamination	货物因混入杂质或被沾污所造成的损失，如油漆污染了地毯，矿砂、矿石等混进了泥土、草屑等
	渗漏险 risk of leakage	流质或半流质货物因包装容器损坏发生渗漏造成货物短量的损失，或用液体浸泡的货物因液体流失而变质的损失
	碰损、破碎险 risk of clash & breakage	易碎货物，如陶瓷器皿、玻璃花瓶、大理石等，因受压、碰撞和震动而出现破碎、凹瘪等的损失
	串味险 risk of odour	同舱装载的货物因受到异味的影响而使品质受到损坏，如茶叶、香料、药材等在运输过程中受到一起堆储的皮张、樟脑丸的影响而造成的串味损失
	受热、受潮险 damage caused by heating & sweating	航行途中，由于气温骤变或船上通风设备失灵使船上水汽凝结，货物受潮或受热所导致的损失
	钩损险 hook damage	装卸过程中使用钩子时，或因碰撞使货物遭受钩损，或因钩破包装使货物外漏、散失的损失，以及为修补、调换包装所支付的费用
	包装破裂险 loss or damage caused by breakage of packing	因运输或装卸不慎引起包装破裂所造成的损失，以及为满足继续安全运输的需要而对包装进行修补或调换所支付的费用
	锈损险 risk of rust	运输途中因货物生锈造成的损失

---

① 条款原文无"等"字。

续表

	具体险别名称	承保范围
特殊附加险	战争险 war risk	直接由于战争、类似战争行为和敌对行为、武装冲突或海盗行为所致的损失；由上述行为引起的捕获、拘留、扣留、禁制、扣押所造成的损失；各种常规武器，包括水雷、鱼雷、炸弹所致的损失；本条款责任范围内引起的共同海损的牺牲、分摊和救助费用
	罢工险 strike risk	罢工者、被迫停工工人或参加工潮、暴动、民众斗争的人员的行动，或恐怖分子、出于政治动机的人员的恶意行为对被保险货物所造成的直接损失，以及上述行动或行为所引起的共同海损的牺牲、分摊和救助费用

提示： 按照国际保险市场的习惯做法，被保险货物如已投保战争险，再加保罢工险时，一般不再加收保险费。中国人民财产保险股份有限公司也采用这个办法。

《协会货物条款》制定于 1912 年，为了适应不同时期法律、判例、商业、航运等方面的变化和发展，条款经常补充和修订，最近一次修订完成于 2009 年 1 月 1 日。伦敦保险协会的海运货物保险条款主要有以下六种。

（1）协会货物条款（A），Institute Cargo Clauses（A），简称 ICC（A）。

（2）协会货物条款（B），Institute Cargo Clauses（B），简称 ICC（B）。

（3）协会货物条款（C），Institute Cargo Clauses（C），简称 ICC（C）。

（4）协会货物战争险条款（货物），Institute War Clauses – Cargo，简称 IWCC。

（5）协会货物罢工险条款（货物），Institute Strikes Clauses – Cargo，简称 ISCC。

（6）恶意损害险条款，Malicious Damage Clauses。

（二）保险金额和保险费

保险金额（insured amount）是被保险人对保险标的的实际投保金额，是保险公司赔偿的最高限额，也是计算保险费的基础。保险金额的大小涉及买方的切身利益和卖方支付保险费的多少，故双方需在合同中具体订明保险金额。

按照国际保险市场的习惯做法，出口货物的保险金额一般按 CIF 或 CIP 价格加成计算，即按发票金额再加一定的百分率计算，此百分率称为投保加成率。投保加成率一般按 10%计算，这增加的 10%主要是作为买方进行这笔交易所付的费用和预期利润。投保加成率一般不超过30%。如买方要求投保加成率超过 10%，卖方也可酌情接受。但如果买方要求过高，则卖方应与保险公司商妥后才能接受。保险金额的计算公式如下：

保险金额＝CIF 价格×（1+投保加成率）

＝CIF 价格×投保加成

例如，买卖双方的合同条款规定"卖方按 CIF 发票价的 110%投保一切险（for 110% of the invoice value）"，此时，110%称为投保加成，也即投保加成率为 10%。

保险费是投保人为取得保险保障，按合同约定向保险公司支付的费用。投保人按约定方式缴纳保险费是保险合同生效的条件。保险费的计算公式如下：

保险费＝保险金额×保险费率

操作演示

本笔业务采用 CIF 术语成交，由卖方按销售合同和信用证的规定办理国际货物运输保险手续。2023 年 12 月 8 日，王泽联系中国人民财产保险股份有限公司佛山分公司办理相关保险事项，并填报了投保单（单证 3.6）。

 单证 3.6

涉外货物运输险投保单

PICC 中 国 人 民 财 产 保 险 股 份 有 限 公 司 **PICC Property and Casualty Company Limited**		

运输险传真件
Application for Transportation Insurance
致：中国人民财产保险股份有限公司佛山分公司
TO: PICC Property and Casualty Company Limited, Foshan Branch

收件人 ATTN	广东九阳进出口有限公司 广东省佛山市禅城区河南北工业区鸿艺建材城 B 区 16 座 23 室	日期 DATE: 2023-12-08

被保险人：
Assured: GUANGDONG KOWIN EXPORT & IMPORT CO., LTD.
兹有下列物品拟向中国人民财产保险股份有限公司投保
Insurance is required on the following commodities:

标记 Marks & Nos. RUDOLPH NEW YORK CTN NOS.1-1260	包装及数量 Package & Quantity 560 PCS 1,260 CTNS	保险货物项目 Description of Goods OFFICE WOODEN FURNITURE	保险金额 Amount insured USD43,681.00
			发票金额 USD39,710.00

发票号 Invoice No.: GDKE231201		合同号 Contract No.: GDKE231022

信用证号 L/C NO.: MBP21911562	提单号 B/L NO.: AS PER B/L	装载工具（填运输方式与具体车船名称） Per conveyance: HONGYUN V.1258

启运日期 Date of commencement: DEC. 10, 2023	自 经 至 From GUANGZHOU CHINA Via To NEW YORK US

请将要保的险别说明(Please indicate the Conditions &/or Special Coverage)
COVERING WPA AND CLASH & BREAKAGE AS PER OCEAN MARINE CARGO CLAUSES (2018) OF THE PICC PROPERTY AND CASUALTY COMPANY LIMITED.
特别说明：Claim payable at: NEW YORK IN USD

备注：被保险人确认已经完全了解本保险合同条款和内容。
Remarks: THE ASSURED CONFIRMS HEREWITH THE TERMS AND CONDITIONS
OF THESE INSURANCE CONTRACT FULLY UNDERSTOOD

投保人（公司盖章） Applicant's signature/or seal of proposer: 经办人 Signature: 王泽	传真 FAX NO.: ＋86-757-835×××83 电话 TEL NO.: ＋86-757-835×××80 日期 DATE:

【知识补充】

投保单填写说明

（1）收件人。如投保人现场领取保险单证，可不填写该栏。如需要保险公司寄送保险单证，本栏可填写投保人的中文公司地址。

（2）日期。填写投保的日期。CIF 或 CIP 条件下，保险公司的保险期限为仓至仓（Warehouse to Warehouse），卖方作为投保人，务必在货物离开卖方仓库前办理货运保险的投保手续。

（3）被保险人。合同或信用证没有特殊要求，或规定保险单证要空白背书（insurance policy or certificate endorsed in blank），此时本栏填写出口公司或受益人公司名称，可不填写详细的地址。如信用证指定某公司为被保险人，则此栏填写信用证指定的公司名称。

（4）标记。本栏与商业发票保持一致。

（5）包装及数量。本栏可填写商品本身的件数和包装件数。裸装货物要注明本身件数；煤炭、石油等散装货注明净重。

（6）保险货物项目。本栏可以填写商品的统称，不需要填写详细的规格型号等产品明细内容。如涉及多种不同类别的商品，应分别注明不同类别的商品统称。

（7）发票金额。本栏按商业发票金额填写。

（8）保险金额。本栏按合同或信用证规定的投保加成计算所得填写。如规定"按 CIF 发票价的 110%投保"，则，保险金额=发票价×1.1。如合同或信用证没有规定，保险金额至少为 CIF 或 CIP 发票价的 110%。

（9）发票号、合同号、信用证号。这几栏根据商业发票、合同、信用证的信息填写。

（10）提单号、装载工具、启运日期、运输路线（From…Via…To…）。这几栏按有关实际的运输信息填报。一般情况下要求投保人在货物装上运输工具前投保，此时如果提单号未知，该栏可填写"AS PER B/L"。装载工具栏填写船名和航次，如是铁路运输或航空运输，可加填"BY RAILWAY"或"BY AIR"。启运日期栏按预定的启航时间填报，也可以简单填写"AS PER B/L"。运输路线栏填写装运港、中转港（如果没有则不填）和目的港。

（11）保险险别。按合同或信用证的规定填写投保的险别。除标明投保险别外，还应标明保险险别适用的保险条款名称和日期。例如："COVERING ALL RISKS AND WAR RISKS AE PER OCEAN MARINE CARGO CLAUSES (2018) OF THE PICC PROPERTY AND CASUALTY COMPANY LIMITED."这里的 PICC 是中国人民保险公司的简写。如果按伦敦保险协会的 ICC(A) 险别填写，则要写为"COVERING ICC(A) AS PER INSTITUE CARGO CLAUSES DATED 1/1/2009."。

如果合同或信用证对投保有其他特殊约定，一并在该栏填报清楚。如信用证规定"CLAIM IF ANY, PAYABLE IN THE CURRENCY OF THE DRAFT."（如有索赔，以汇票所用货币单位支付保险赔款。）此时应在投保单中添加说明，例如"Claim payable at: TOKYO IN USD"，即要求在保险单证上的赔款偿付地点后面按信用证的要求填写赔款所用的货币单位。又如信用证规定"INCLUDING WAREHOUSE TO WAREHOUSE UP TO FINAL DESTINATION AT OSAKA"，此时应在保险险别和保险条款后面加上信用证规定的该内容，以提醒保险公司在签发保险单证时加上该内容，以保证单证一致。

（12）投保人盖章及签名。

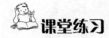 **课堂练习**

目的：熟悉信用证对保险的各种不同要求。

题目：请用中文描述以下信用证规定的保险条款。

（1）INSURANCE POLICY OR CERTIFICATE IN 2 ORIGINAL AND 1 COPY BLANK ENDORSED FOR THE CIF INVOICE PLUS 10 PERCENT COVERING ALL RISKS AND WAR RISKS.

（2）INSURANCE POLICY OR CERTIFICATE IN THREE COPIES, COVERING INSTITUTE CARGO CLAUSES(A), AND INSTITUTE WAR CLAUSES(CARGO) AS PER ICC CLAUSE DATED 1/1/2009, INCLUDING WAREHOUSE TO WAREHOUSE UP TO FINAL DESTINATION AT OSAKA, FOR AT LEAST 110% OF CIF VALUE, MARKED PREMIUM PREPAID AND SHOWING CLAIMS IF ANY PAYABLE IN JAPAN.

实训操作

卖方缴纳保险费后，保险公司根据投保单、商业发票和信用证的要求签发一式两份正本的保险单证。请以保险公司的身份为卖方签发保险单证（单证 3.7），保险单证号码为 UCY2320E0389，目的地保险代理公司名称、地址如下：

SELMA SHIDE INSURANCE CO
P.O.BOX 6650, NEW YORK, US

【知识补充】

保险单填写说明

投保人填写的投保单是保险公司签发保险单证的依据，所以保险单上的相关内容需和投保单保持一致。签发保险单时还有一些注意事项，说明如下。

1. 总保险金额（Total Amount Insured）。该栏填写以大写英文表示的保险金额，末尾应加 ONLY，与小写金额保持一致。

2. 保费（Premium）。此栏保险公司一般已经印就"AS ARRANGED"字样。信用证没有规定的，保险费率和保险费不具体标明。

3. 货损检验及理赔代理人（Surveying and claim settling agents）。如发生保险事故，应给买方提供可在其当地申请货损检验和索赔的途径，所以保险公司需在保险单证上详细注明代理人的公司名称和地址。货损检验及理赔代理人一般是保险公司在目的港或目的地选定的有资质的检验机构。如果信用证中规定由买方指定代理人，卖方不应接受该条款。

单证 3.7

保险单

中国人民保险

中国人民财产保险股份有限公司 PICC PROPERTY AND CASUALTY COMPANY LIMITED 保险单号（Policy No.）
Head Office Beijing　　Established in 1949

货物运输保险保险单 CARGO TRANSPORTATION INSURANCE POLICY

发票号（Invoice No.）　　　　　　　　　　提单号（B/L No.）

合同号（Contract No.）　　　　　　　　　信用证号（L/C No.）

被保险人（The Insured）：_____

中国人民财产保险股份有限公司（以下简称本公司）根据被保险人的要求，以被保险人向本公司缴付约定的保险费为对价，按照本保险单列明条款承保下述货物运输保险，特订立本保险单。

This policy of Insurance witnesses that PICC Property and Casualty Company Limited (hereinafter called "the Company"), at the request of the insured and in consideration of the agreed premium paid to the Company by the insured, undertakes to insure the undermentioned goods in transportation subject to the conditions of the policy as per the clauses printed overleaf.

标记 Marks & Nos.	保险货物项目 Goods	包装及数量 Package & Quantity	保险金额 Amount Insured

总保险金额（Total Amount Insured）:

保费（Premium）: <u>AS ARRANGED</u>　起运日期（Date of Commencement）:

装载运输工具（Per Conveyance）:

自（From）:　　　　　　经（Via）:　　　　　　至（To）:

承保险别（Conditions）:

所保货物，如发生本保险单项下可能引起索赔的损失或损坏，应立即通知本公司或下述代理人查勘。

In the event of loss or damage which may result in a claim under this Policy, immediate notice must be given to the Company or Agent as mentioned.

　　Surveying and claim settling agents: SELMA SHIDE INSURANCE CO
　　　　　　　　P.O.BOX 6650, NEW YORK, US

赔款偿付地点
Claim payable at
签单日期
Issuing date

保险服务请联系：
Contact information of insurace service
中国人民财产保险股份有限公司佛山分公司
PICC Property and Casualty Company Limited Foshan Branch
地址（ADD）: 佛山市禅城区季华 5 路
保险人（Underwriter）:

4. 赔款偿付地点（Claim payable at）。此栏按合同或信用证的要求填写。如果没有特别说明，一般将目的港或目的地作为赔款偿付地点。如信用证规定 "CLAIM IF ANY, PAYABLE IN THE CURRENCY OF THE DRAFT."，则应在地点后面标明赔款所用的货币单位，如标明 "IN USD"。

5. 签单日期（Issuing date）。该日期是指保险单证的签发日期。保险单证的签发日期不得晚于提单的发运日期，除非保险单证表明保险责任不迟于提单发运日期生效。例如保险单证的签发日期为 2023 年 7 月 6 日，提单上的发运日期为 2023 年 7 月 4 日，此时保险单证上必须标明以下内容：THE INSURANCE POLICY TAKE EFFECT AS FROM THE DATE OF THE SHIPMENT。

6. 保险单证上保险公司的几点声明事项。保险公司签发的保险单，其正面往往还会记载以下几点事项，投保人务必认真阅读，了解保险公司的投保规则及保险赔偿的限制条款。

（1）下列情况甲方必须事先书面通知乙方（应列明乙方的联系人与联系方式），承保条件双方另行商议，经乙方向甲方逐笔出具保险单后，保险合同方可生效。

单航次运输货物的保额超过人民币 350 万元。裸装货、废旧货、甲板货、易燃品、易爆品、易碎品、动植物、油品、农产品、散装货等特殊或大宗高风险货物，以及采用非正常贸易方式的货物，未在启运前达成书面一致的承保条件和承保费率意见的，该类货物不在乙方的承保范围。

（2）经过保险人询问，投保人或被保险人在投保前没有通过任何形式放弃向第三者请求赔偿的权利或存在限制或豁免第三者赔偿责任的情形。

投保人或被保险人在投保前或保险合同成立后放弃对第三者请求赔偿的权利的，保险人将不承担赔偿保险金的责任；保险人已经支付保险金的，被保险人应当退还保险人。

投保人或被保险人在投保前或保险合同成立后存在限制或豁免第三者赔偿责任的情形，保险人将对限制/豁免部分不承担赔偿保险金的责任；保险人已经支付保险金的，被保险人应当退还保险人。

（3）有些保险单证上还会记载免赔金额或免赔率。如 PICC 的货物运输保险单（以 2023 年签发的为例）上会按每次事故绝对免赔：人民币 2,000 元或核定损失金额的 10%，两者以高者为准。

7. 保险单背面条款（Clauses printed overleaf）。保险单的背面条款是保险公司事先印就的格式条款，主要包括各保险险别的承保范围、除外责任、保险责任起讫、投保人和被保险人的义务、赔偿处理和保险索赔期限等内容。

任务七　跟进船公司签发提单并审核提单

 **实训操作**

2023 年 12 月 10 日货物在装运广州黄埔顺利完成装船。根据实际装货情况和订舱委托书的要求，广州市平安运国际物流有限公司作为承运人 SINOTRANS GUANGZHOU COMPANY 的代理人签发了本次业务的提单并把提单发给卖方审核，卖方审核无误后，承运人的代理人于 12 月 11 日签发正本提单一式三份。

请以承运人代理人的身份填写海运提单（单证 3.8）。装载此批货物的船舶名称及航次是 HONGYUN V.1258，提单号为 ACGZ13158896。

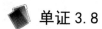 单证 3.8

海运提单

Shipper	B/L NO.
	ORIGINAL BILL OF LADING
Consignee	RECEIVED in external apparent good order and condition except as otherwise noted. The total number of packages or units stuffed in the container, the description of the goods and weights shown in the B/L are furnished by the merchant, and which the carrier has no reasonable means of checking and is not a part of this B/L contract. The carrier has issued the number of the B/L stated bellow, all of this tenor and the date, one of the original B/L must be surrendered and endorsed or signed against the delivery of the shipment and whereupon any other original B/L shall be void. The merchants agree to be bound by the terms and the conditions of this B/L as if each had personally signed this B/L
Notify Party	

Pre-carriage by	Place of Receipt	
Ocean Vessel Voyage No.	Port of Loading	
Port of Discharge	Place of Delivery	Type of Movement (If mixed, use description of packages and goods field)

Particular Declared By the Shipper But Not Acknowledged By the Carrier				
Marks & Numbers	Description of Goods & Package	Container No. & Seal No.	Gross Weight(kg)	Measurement(m³)

Total Number of Containers 　Or Packages(in words)
Freight Details, Charges etc.

Numbers of Original Bill of Lading	Place and Date of Issue	For the Carrier SINOTRANS GUANGZHOU COMPANY Issue by_____

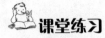

课堂练习

目的：熟悉信用证对提单的各种不同要求。

题目：

1. 请用英文表达以下内容。

全套清洁已装船海运提单正本一式三份。

2. 请用中文描述以下信用证规定的提单条款。

（1）FULL SET OF ORIGINAL MARINE BILLS OF LADING CLEAN ON BOARD PLUS 2 NON NEGOTIABLE COPIES MADE OUT TO ORDER OF BNP PARIBAS (CANADA) MARKED FREIGHT PREPAID AND NOTIFY APPLICANT.

（2）FULL SET ORIGINAL SHIPPED ON BOARD OCEAN BILLS OF LADING CONSIGNED TO MALIHA INTERNATIONAL TRADE COMPANY, SHOWING FREIGHT COLLECT NOTIFY ISSUING BANK AND APPLICANT WITH FULL ADDRESS.

任务八　申领和制作一般原产地证

实训操作

2023 年 12 月 12 日，王泽向中国国际贸易促进委员会申领一般原产地证（单证 3.9）。

请参照商业发票（单证 3.3）、装箱单（单证 3.4）的产品信息以及一般原产地证的填写说明完成单证 3.9 的填报。该批出口产品的商品编码是 9403.3000.90。

课堂练习

目的：熟悉各种原产地证的名称和应用。

题目：

1. 请标明以下原产地证的英文全称和简称。

（1）一般原产地证书。

单证 3.9

一般原产地证

1.Exporter	Certificate No.
2.Consignee	**CERTIFICATE OF ORIGIN** **OF** **THE PEOPLE'S REPUBLIC OF CHINA**
3.Means of transport and route	5.For certifying authority use only
4.Country/region of destination	

6.Marks and numbers	7.Number and kind of packages; description of goods	8.H.S.Code	9.Quantity	10.Number and date of invoices

11.Declaration by the exporter The undersigned hereby declares that the above details and statements are correct, that all the goods were produced in China and that they comply with the Rules of Origin of the People's Republic of China.	12.Certification It is hereby certified that the declaration by the exporter is correct.
-- Place and date, signature and stamp of authorized signatory	-- Place and date, signature and stamp of certifying authority

（2）中国-东盟自由贸易区优惠关税原产地证书。

（3）《中国-澳大利亚自由贸易协定》原产地证书。

（4）《亚太贸易协定》原产地证书。

（5）中国-新加坡自由贸易区优惠税率原产地证书。

（6）《区域全面经济伙伴关系协定》原产地证书。

2. 5月15日，我国A公司与法国B公司签订了一份买卖1000台电动自行车的出口合同，与澳大利亚C公司签订了一份买卖300套办公家具的合同，请确定这两笔业务A公司应申领何种原产地证。（提示：可登录中国自由贸易区服务网查询，该办公家具在目的国的商品编码是9403.10.00.40）

3. 5月20日，我国F公司从新西兰G公司进口一批牛奶，F公司在向我国海关申报进口时，应提交何种原产地证书才能享受优惠的关税减免？该证书由谁在何地申领？

任务九　制作装运通知并发送给买方

知识回顾

装运通知（Shipping Advice），也称装船通知，是卖方根据合同或信用证的规定在货物装船完毕后，以传真或电子邮件等方式将与装船有关的情况及时告知买方或其指定人的单证。

装运通知的作用有两个。一是让收货人等有关当事人及时了解货物装运情况。二是在FOB或CFR术语条件下，起到保险通知的作用，以便买方及时办理货运保险手续；如果卖方把装运通知发送给买方指定的保险公司，则意味着该保险公司在收到装运通知后开始承担货运保险责任。

卖方在货物装船后一般需在3个工作日内给买方或其指定人发送装运通知，如信用证对发送装运通知的时间有规定，受益人（即卖方）应在规定的时间内发送装运通知。如信用证规定："Shipping Advice from beneficiary to applicant within 2 days after B/L date and containing B/L number, vessel name and voyage No., shipment date, quantity and value of goods." 按此规定，受益人必须在装船后2天内给开证申请人发送装运通知。

装运通知没有固定的样式，卖方可自行制定格式。装运通知内容一般应包括收货人名称、商业发票号码、信用证号码、提单号码、唛头、货物名称、数量、金额、装运港、目的港、船名及航次、开航日期、预计到达时间（estimated time of arrival，ETA）等，并由卖方签署。

**实训操作**

2023 年 12 月 12 日，王泽根据信用证的要求制作了一份装运通知，同时将该份装运通知通过电子邮件发送给了开证申请人（即买方）。货物预计到达目的港的时间是 2024 年 1 月 20 日。

请以王泽的身份完成该笔业务项下的装运通知（单证 3.10）。

 单证 3.10

装运通知

GUANGDONG KOWIN EXPORT & IMPORT CO., LTD.

ROOM 23, F16, BLOCK B, HONGYI BUILDING MATERIALS CITY, NORTH HENAN INDUSTRY ROAD, CHANCHENG DISTRICT, FOSHAN GUANGDONG, P.R. CHINA

TEL: +86 836×××11

SHIPPING ADVICE

Messer:

Date:

Invoice No.:

L/C No.:

S/C No.:

Dear Sirs,

We hereby inform you that the goods under the above mentioned credit have been shipped. The details of the shipment are stated below.

Description of Goods:

Quantity:

Invoice Total Amount:

Vessel Name:

B/L No.:

Port of Loading:

Port of Discharge:

On Board Date:

ETA:

Container No./Seal No.:

任务十　制作受益人证明

**知识回顾**

1. 受益人证明

受益人证明（beneficiary's certificate）是受益人根据信用证的要求缮制的，证明受益人已经履行了有关约定义务的单证。例如证明所交货物的品质、数量、包装、标志符合样品要求或符合合同要求，证明已发装运通知，证明已寄副本单证等。

受益人证明的出单日期一般在提单签发后三天内。受益人证明可根据信用证的具体要求确定名称，如"beneficiary's certificate""beneficiary's statement""beneficiary's declaration"等。其证明的内容可与信用证要求证明的文句一致，根据需要有时要做时态及人称的调整。

受益人证明一般不分正副本，但如果信用证要求提供正本，可打上"Original"字样。

2. 船公司证明

船公司证明（shipping company's certificate）是开证申请人要求受益人提供的，由船公司或其代理人出具的用以说明载货船舶的船籍、船龄、航程等内容的证明文件。该文件的作用是供买方满足当局要求或了解运输情况。

例如信用证要求载货船舶不经过某些地区，或不在某些港口停靠，并要求受益人提供相应的证明。此时受益人在办理订舱时需要注意满足该条款的要求，并要求船公司或其代理人出具相关的证明文件。

 **实训提示**

2023 年 12 月 12 日，王泽根据信用证的要求把一份副本提单和其他副本装运单证（包括商业发票、装箱单、原产地证、保险单证、装运通知）通过快递寄送给了开证申请人，并制作了一份受益人证明（单证 3.11），证明受益人已经完成了此项寄单的工作任务。

 单证 3.11

受益人证明

GUANGDONG KOWIN EXPORT & IMPORT CO., LTD.

ROOM 23, F16, BLOCK B, HONGYI BUILDING MATERIALS CITY, NORTH HENAN INDUSTRY ROAD, CHANCHENG DISTRICT, FOSHAN GUANGDONG, P.R. CHINA

TEL: +86 836×××11

<u>BENEFICIARY'S CERTIFICATE</u>

Date: DEC.12, 2023
L/C No.: MBP21911562
S/C No.: GDKE231022

WE HEREBY CERTIFYING THAT A NON-NEGOTIABLE BILL OF LADING TOGETHER WITH COPY OF OTHER DOCUMENTS HAVE BEEN SENT DIRECTLY TO APPLICANT AFTER 2 DAYS FROM SHIPMENT DATE.

GUANGDONG KOWIN EXPORT & IMPORT CO., LTD.

王泽

任务十一　审核全套装运单证

王泽根据信用证 46A 条款的规定，对该笔业务项下的全套装运单证进行审核，包括商业发票正本 2 份、装箱单正本 2 份、全套正本提单 3 份、保险单正本 1 份及副本 1 份、原产地证正本 1 份、装运通知 1 份、受益人证明 1 份。经审核，全套装运单证符合信用证要求，单单相符。

　　本次业务的提单抬头为"TO ORDER OF SHIPPER"，买方在目的港提货时需提交经卖方背书的提单；保险单的被保险人为卖方，信用证规定保险单需要空白背书（ENDORSED IN BLANK）。所以，卖方需要对正本提单和保险单进行背书，卖方在保险单上进行背书后，被保险人的权益随之转让给买方。

任务十二　开立汇票并及时交单

 **实训操作**

　　备齐全套单证并正确背书后，2023 年 12 月 13 日，王泽根据信用证的要求开立了一式两份的即期汇票，连同全套装运单证交到通知行，完成了该笔业务项下的交单义务。

　　请根据信用证及商业发票等信息填制该笔业务项下的汇票（单证 3.12）。

单证 3.12

汇　票

BILL OF EXCHANGE

凭
Drawn under _____

信用证　　　第　　　　　号
L/C No._____

日期
Dated_____

号码　　　汇票金额　　　　　中　国　　年　　月　　日
No.　　　Exchange for _____China. _____

见票　　　　　　日　后（本　汇　票　之　副　本　未　付）付
At _____Sight of this FIRST of Exchange (Second of exchange being unpaid)

收款人或其指定人
Pay to the order of _____

金额
The sum of _____

此致
To _____

For _____

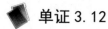 **知识回顾**

（一）信用证支付方式下填制汇票的注意事项

　　信用证中有关汇票的说明一般有两个条款，分别是"42C Drafts at"和"42A/42D Drawee"。

汇票付款期限有即期和远期两种，受益人开立汇票时，付款期限参照信用证的要求填写即可，同时要注意以下方面。

1. 付款人

《UCP600》第 6 条 C 款规定：信用证不得开成凭以申请人为付款人的汇票兑用。所以，信用证方式下开立的汇票，其付款人必须是银行。信用证 "42A/42D Drawee" 条款有明确规定的，开立汇票时填报的付款人必须与 "42A/42D Drawee" 条款规定的一致。如果信用证没有指定付款人，根据《UCP600》，则填写开证行作为汇票付款人。

2. 收款人

信用证方式下，一般情况可填写通知行或议付行作为收款人，少数情况下可以将卖方或其指定的第三者作为收款人。

3. 出票条款

出票条款（参见图 3.2），也称出票依据，一般表明根据汇票付款的起源交易。信用证方式下出票条款三栏分别填写开证行名称和地址、信用证号码、信用证开证日期。开证行名称和地址填写在第一栏，出票的依据一目了然。

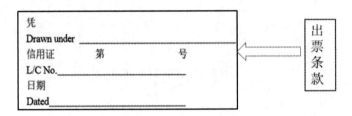

图 3.2　汇票的出票条款

4. 汇票金额

除非信用证另有规定，汇票金额所使用的货币应与信用证和商业发票使用的货币一致。如信用证对汇票金额没有规定，那汇票金额一般与信用证金额和商业发票金额一致。如信用证对汇票金额有相应的规定，那汇票金额按信用证规定的金额填写。例如，信用证规定："This credit is available with any bank by negotiation for 95% of invoice value at 30 days after sight draw on us." 按此规定，受益人开立的汇票金额应为发票价的 95%。

5. 出票日期

此栏是通知行或议付行收到汇票的时间，卖方可留空，由银行填写。需要注意的是，信用证支付方式下，出票日期往往被认定为卖方的交单日期，所以卖方需要在信用证规定的截止日前及交单期内向通知行或议付行提交整套装运单证及汇票。

（二）信用证支付方式下的交单要求

1. 受益人必须及时交单

受益人必须在信用证规定的交单期及有效期内及时提交单证。如果信用证没有规定交单期，按《UCP600》第 14 条 c 款的规定，当提交的单证包含一份或多份正本运输单证时，则须由受益人或其代表，在不迟于本惯例所指的装运日之后的 21 个日历日内交单，但是在任何情况下都不得迟于信用证的有效期。

2. 受益人必须提交完整的单证

受益人必须按信用证"46 A"条款的要求提交完整的单证，"完整"包括单证种类的完整和每种单证份数的完整，同时务必注意需要提交的相关单证是正本还是副本。关于要求受益人提交正本单证还是副本单证，可以《UCP600》第 17 条的规定作为交单的依据。

《UCP600》第 17 条 a 款规定：信用证规定的每一种单证须至少提交一份正本。例如信用证规定："One Commercial Invoice""Commercial Invoice in 1 copy""one copy of Commercial Invoice"，将被理解为要求提交一份正本商业发票，此处的"copy"不能理解为副本。

《UCP600》第 17 条 b 款规定：银行应将任何带有看似出单人的原始签名、标记、印戳或标签的单证视为正本单证，除非单证本身表明其非正本。

《UCP600》第 17 条 d 款规定：如果信用证要求提交单证的副本，提交正本或副本均可。

《UCP600》第 17 条 e 款规定：如果信用证使用诸如"一式两份（in duplicate）""两份（in two fold）""两套（in two copies）"等用语要求提交多份单证，则提交至少一份正本，其余使用副本即可满足要求，除非单证本身另有说明。例如，信用证要求提交一式三份的商业发票（commercial invoice in triplicate），受益人可以提交一份正本商业发票，其余两份用副本即可；当然，受益人也可以提交三份正本商业发票，或提交两份正本商业发票和一份副本。但是如果信用证规定提交一式三份已签署的正本商业发票（original signed commercial invoice in triplicate），受益人必须提交三份正本商业发票。

云资源
信用证的使用流程

课堂练习

目的：明确信用证支付方式下受益人的交单任务。

题目：请根据信用证（号码为 MBP21911562）的要求，回答以下问题。

1. 卖方需要向银行提交什么单证？请详细列出需要提交的单证清单，内容包括单证名称和份数。

2. 卖方最晚什么时候交单，应该把单证交给哪家银行？

3. 卖方可以把全套单证寄给买方吗？

〉〉〉拓展实训〉〉〉

实训一　根据信用证的要求完成出口各工作环节相关单证的填报

◆业务背景◆

阳光有机食品有限公司（SUNSHINE ORGANIC FOOD TRADING CO., LTD.）是一家经营各类绿色有机食品的公司，公司在海南、云南、贵州等地拥有 10 个有机农产品种植和生产加工基地，产品远销欧美、日本等 20 多个国家和地区。2023 年 5 月初，公司业务员李洋通过广交会的推广活动，认识了日本买方（NANAKU GENERAL TRADING CO., LTD.）的采购经理，双方经过多次线下函电磋商，于 2023 年 5 月 10 日签订了销售合同。

日本买方按合同的规定如期到开证行（THE BANK OF TOKYO-MITSUBISHI UFJ LTD., TOKYO）申请开立了一份不可撤销的见票后 30 天付款的信用证（L/C NO.: 0011LC123756），信用证于 2023 年 5 月 16 日开出并通过 SWIFT 传递给通知行（INDUSTRIAL AND COMMERCIAL BANK OF CHINA GUANGZHOU BRANCH），通知行将信用证的内容通知卖方，单证 3.13 为该信用证的内容。

 单证 3.13

Message Header	
Swift　Input　fin.700	FIN MT700 - Issue of a Documentary Credit
FIN	
Sender	
Unit:	U126
Sender Logical Terminal:	BOTKJPJT
Type:	Institution
Institution:	BOTKJPJT126
Receiver	
Type:	Institution
Institution:	ICBKCNBJGZU
Address Expansion	
Institution:	INDUSTRIAL AND COMMERCIAL BANK OF CHINA
Branch:	
City:	GUANGZHOU
Country:	CN
Options	
Priority:	Normal
Monitoring:	None
User PDE:	No
Message Text	
27: Sequence of Total	1/1
40A: Form of Documentary Credit	IRREVOCABLE

20: Documentary Credit Number	0011LC123756
31C: Date of Issue	230516
40E: Applicable Rules	UCP LATEST VERSION
31D: Date and Place of Expiry	230710 IN CHINA
50: Applicant	NANAKU GENERAL TRADING CO., LTD.
	TACHIBANA 2-CHOME, 2202-59 SUMIDA-KU, TOKYO
	JAPAN
	FAX: +0081 3 156×××32
59: Beneficiary	SUNSHINE ORGANIC FOOD TRADING CO., LTD.
	HUARONG MANSION RM2901 NO.85 GONGYE ROAD
	GUANGZHOU GUANGDONG, P.R. CHINA
	TEL: +86 020 885×××99
32B: Currency Code, Amount	USD43,176.00
41D: Available with…by…	ANY BANK IN CHINA BY NEGOTIATION
42C: Drafts at…	AT 30 DAYS AFTER SIGHT
42D: Drawee	THE BANK OF TOKYO-MITSUBISHI UFJ LTD.
	TOKYO
43P: Partial Shipments	NOT ALLOWED
43T: Transshipment	ALLOWED
44E: Port of Loading/Airport of Departure	CHINA MAIN PORT, CHINA
44F: Port of Discharge/Airport of Destination	TOKYO, JAPAN
44C: Latest Date of Shipment	230630

45A: Description of Goods and/or Services

    01.   900 CARTONS CANNED MUSHROOM PIECES & STEMS 24 TINS × 425 GRAMS GROSS WEIGHT (N.W. 227 GRAMS) AT USD16.80 PER CARTON.

    02.   1,200 CARTONS DRIED MANGO 24 BOTTLES × 356 GRAMS GROSS WEIGHT (N.W.300 GRAMS) AT USD23.38 PER CARTON.

        DETAILS AS PER   S/C NO. GZSSC1256 DATED MAY 10, 2023

        CIF TOKYO

46A: Documents Required

+ ORIGINAL SIGNED COMMERCIAL INVOICE IN TRIPLICATE.

+ ORIGINAL PAKCING LIST IN TRIPLICATE SHOWING NET AND GROSS WEIGHT.

+ FULL SET CLEAN ON BOARD MARINE BILL OF LADING CONSIGNED TO THE ORDER OF ISSUING BANK MARKED FREIGHT PREPAID, NOTIFY APPLICANT AND THE CARRYING VESSEL'S AGENT AT THE PORT OF DISCHARGE.

+ INSURANCE POLICY OR CERTIFICATE ENDORSED IN BLANK FOR THE INVOICE VALUE PLUS 10

   PERCENT COVERING ICC(A) AS PER INSTITUTE CARGO CLAUSES DATED 2009.

+ CERTIFICATE OF ORIGIN FORM RCEP ISSUED IN THE PEOPLE'S REPUBLIC OF CHINA.

+ THE PRODUCTION DATE OF THE GOODS NOT TO BE EARLIER THAN HALF MONTH AT TIME OF SHIPMENT.

   BENEFICIARY MUST CERTIFY THE SAME.

47A: Additional Conditions

+ L/C NO. AND DATE, ISSUING BANK, H.S. CODE OF THE SHIPMENT GOODS SHALL APPEAR ON ALL SHIPPING DOCUMENTS.

+ NO DOCUMENTS SHOULD BE DATED EARLIER THAN THE DATE OF LETTER OF CREDIT ISSUE DATE.

71B: Charges	ALL BANK CHARGES OUTSIDE JAPAN
	INCLUDING REIMBURSING BANK COMMISSION
	AND DISCREPANCY FEE (IF ANY) ARE FOR
	BENEFICIARIES' ACCOUNT.
48: Period for Presentation in days	007
49: Confirmation Instructions	WITHOUT

78: Instructions to the Paying/Accepting/Negotiating Bank

+ UPON RECEIPT OF THE DOCUMENTS IN COMPLIANCE WITH THE TERMS AND CONDITIONS OF THIS CREDIT, WE WILL REIMBURSE THE NEGOTIATING BANK IN ACCORDANCE WITH THEIR INSTRUCTION.

+A DISCREPANCY FEE OF USD100.00 OR EQUIVALENT WILL BE DEDUCTED FROM THE PROCEEDS OF EACH BILL OF THE DOCUMENTS ARE NOT DRAWN PROPERLY AS PER L/C TERM.

Network Data

Network: SWIFT

End of Message

◆实训要求◆

首先熟悉信用证各项条款的内容，然后填报信用证分析表，根据实际履约情况和信用证的要求完成出口各工作环节相关单证的填报。

任务一　核对信用证的内容

阅读单证 3.13，把信用证的主要内容填写在表 3.7 中。

表 3.7　信用证分析表

信用证本身的说明	信用证种类		有效期	
	信用证号码		到期地点	
	信用证开证日期		交单期	
	币种、金额			
信用证当事人	开证行		通知行	
	开证申请人		受益人	
	兑用银行			
汇票条款	出票人		付款人	
	付款期限		汇票金额	
货物条款	品名		包装	
	数量		贸易术语	
	合同号		溢短装	
装运条款	装运港		分批装运	
	目的港		转船	
	最迟装运期			
单证条款	单证名称	（请详细注明单证的要求）		

续表

特殊 条款	

任务二　申请对木托进行熏蒸

任务背景

出口公司业务员李洋审核信用证后，认为信用证的内容与销售合同相符，没有不合理的条款，信用证条款内容是可执行的。随后李洋按照信用证的要求备货，预计货物能在 2023 年 6 月 12 日完成生产和包装。

由于该批货物采用木托包装，根据进口国海关的规定，木质包装必须进行熏蒸处理并向进口国海关出示相应的熏蒸证明。在货物备妥进行木托包装前，李洋于 2023 年 6 月 10 日通知公司的物流部门把本批货物所用的木托运往广州市保林检验技术有限公司进行熏蒸处理，两天后再把熏蒸处理好的木托运回公司。

任务要求

请审核广州市保林检验技术有限公司出具的熏蒸证明（单证 3.14），并把熏蒸证明直接寄送给买方。

任务三　开立商业发票和装箱单

任务背景

2023 年 6 月 15 日，李洋按信用证的要求开立了商业发票和装箱单。货物的具体包装情况如下。

（1）蘑菇罐头，毛重 11.7kgs/CTN，包装箱尺寸 0.3m×0.2m×0.2m/CTN、100CTNS/PALLET。

（2）干芒果，毛重 9.744kgs/CTN，包装箱尺寸 0.3m×0.25m×0.2m/CTN、100CTNS/PALLET。

（3）一个木托自重为 15kgs。

蘑菇罐头和干芒果的前 6 位商品编码分别是 2003.10 和 0804.50。标记及号码（Marks and Number）按"N/M"填报。

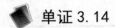 单证 3.14

广州市保林检验技术有限公司
Guangzhou Baolin Inspection Technology Co., Ltd.
熏蒸/消毒证明
FUMIGATION/DISINFECTION CERTIFICATE

发货人名称及地址：
Name and Adress of Consignor: SUNSHINE ORGANIC FOOD TRADING CO., LTD.
HUARONG MANSION RM2901 NO.85 GONGYE ROAD
GUANGZHOU GUANGDONG, P.R. CHINA

收货人名称及地址：
Name and Adress of Consignee: NANAKU GENERAL TRADING CO., LTD.
TACHIBANA 2-CHOME, 2202-59 SUMIDA-KU, TOKYO JAPAN

品名	报检数量
Description of Goods WOODEN PALLET	Quantity Declared 21 PALLETS
启运地	产地
Place of Despatch GUANGZHOU HUANGPU	Place of Origin GUANGDONG CHINA
到达口岸	运输工具
Port of Destination TOKYO JAPAN	Means of Conveyance BY SEA

熏蒸/消毒处理
FUMIGATION/DISINFECTION TREATMENT

日期：	处理时间及温度：	24 HOURS UNDER HERMETICAL
Date: JUNE 10, 2023	Duration & Temperature : CONDITION AT 28℃	
处理方法：	药剂及浓度：	48 G METHYL BROMIDE PER
Treatment: FUMIGATION	Chemical & Concentration: CUBIC METER	

标记及号码
Marks & No.   N/M

附加声明：
ADDITION DECLARATION:
    THE CARGO DESCRIPTION: (1) CANNED MUSRHOOM PIECES & STEMS
                          (2) DRIED MANGO
    THE CONTAINER NO.: CAMU1862389

签证地点 Place of Issue GUANGDONG   签证日期 Date of Issue JUNE 13, 2023
授权签字人 Authorized Signature ZENG HUAFENG   签名 Signature 曾华锋

任务要求

请根据信用证的要求和具体的包装情况开立商业发票（单证 3.15）和装箱单（单证 3.16）。

任务四　办理托运订舱手续

任务背景

李洋于 2023 年 6 月 15 日联系货运代理公司落实订舱，要求安排在广州黄埔港装运货物，由于信用证要求装运时间不得早于货物生产日期前 15 天，所以特别说明要求船期不得晚于 2023 年 6 月 27 日。

任务要求

请按信用证的要求填报订舱委托书（单证 3.17）。

 单证 3.15

Issuer	COMMERCIAL INVOICE		
To/Buyer	Invoice No. SS230615	Invoice Date	
	L/C No.	L/C Date	
Transport Details	Issuing bank		

Marks and Numbers	Description of Goods	Quantity	Unit Price	Amount
Total:				
TOTAL AMOUNT:				

（ Stamp &Signature）

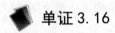 单证 3. 16

Issuer			PACKING LIST				
To/Buyer			Invoice No.			Invoice Date	
			L/C No.			L/C Date	
Transport Details			Issuing Bank				
Marks and Numbers	Description of Goods	Quantity	Package	G.W.	N.W.	Meas.	
Total:							
Say Total Packages:							

(Stamp & Signature)

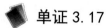 单证 3.17

广州市平安运国际物流有限公司
WINCOME LOGISTICS CO., LTD.
Room 1901, Rujun Building, No.105 Zhongxing Road, Baiyun District, Guangzhou, China
广州市白云区中兴路 105 号儒骏大厦 1901

Shipper　（Full name & Address）（发货人）	WINCOME LOGISTICS CO., LTD. 广州市平安运国际物流有限公司 Contact: Jimmy Wang Tel: + 86 2 286×××45-603 E-mail: jimmy@wincologi×××cs.com
Consignee or order　（收货人/抬头）	Service Term（运输条款） ☐ CY/CY　　☐ CFS/CFS ☐ DOOR/CY　☐ CY/DOOR ☐ DOOR/DOOR 　20GP　　40GP 　40HQ　　LCL　　AIR
Notify party　（通知人）	Freight & charges（运费与附加费） ☐ PREPAID　☐ COLLECT （运费预付）　　（运费到付）

Place of Receipt（收货地点）	Cargo ready date　（货物备妥日期）	H.S. CODE: 是否含油 是否含电池 是否收齐货款
Vessel/Voy No.（船名/航次）	Port of loading　（装运港）	
Port of discharge　（卸货港）	Final destination　（目的地）	

Marks & Nos. （唛头）	Number and Kind of Packages （包装件数及包装种类）	Description of Goods （商品名称）	Gross Weight（kg） 毛重（千克）	Measurement（m³） 体积（立方米）

Remarks（备注）

All transactions are subject to the Company's Standard Trading Conditions
(copies available on request from the Company) and which, in certain cases,
exclude or limit the Company's liability.

是否需要委托我司安排拖车：

拖车地址：

是否需要委托我司安排报关：

Booking Required By company chop & authorized signature	Tel No.（电话）：1385×××8961 Fax No.（传真）： Contact person（联系人）：Jimmy Wang

任务五　办理国际货运保险手续

任务背景

　　广州市平安运国际物流有限公司回复已经落实舱位和船期，船名/航次是 KTCCO LOMBO/2202W，船舶将于 2023 年 6 月 20 日停靠广州黄埔港装货。

　　按《UCP600》的规定，保险单的签发日期不得晚于提单的签发日期，所以李洋必须在货物装船前办妥国际货运保险手续。2023 年 6 月 17 日，李洋向中国人民财产保险股份有限公司广州分公司办理投保手续，填写了投保单，并缴纳了保险费，保险公司于 2023 年 6 月 18 日签发了一份保险单。

任务要求

　　请按信用证要求填报投保单（单证 3.18），并以保险公司的身份签发保险单（单证 3.19）。保险单号为 PICCGZ2023E061862，保险公司在目的地的保险代理人公司名称及详细地址、联系方式是：

　　SOMPO JAPAN INSURANCE INC.
　　MEGA BLOCK F/19, SUMIDA-KU, TOKYO JAPAN
　　FAX: +0081 3 156×××68

任务六　委托货运代理公司报检报关，货物装船后跟进提单的签发

任务背景

　　经查询，本信用证项下出口的两种产品都需要进行法定检验，货运代理公司向中国电子口岸报关系统输入报检和报关信息，同时把样品送到出口口岸海关进行检验。经检验，两种产品均符合出口标准，报检报关工作顺利完成。

　　6 月 18 日李洋向货运代理公司预订 1 个 20 英尺的干货集装箱并安排拖车，货运代理公司把货物运到装运港广州黄埔。6 月 20 日货物在广州黄埔港顺利完成装船。广州市平安运国际物流有限公司作为承运人的代理人于 6 月 21 日签发正本提单一式三份。

任务要求

　　请以承运人代理人的身份填写海运提单（单证 3.20）。装载此批货物的船舶名称/航次是 KTCCO LOMBO/2202W，提单号为 COS21131589，集装箱号/铅封号是 CAMU1862389/12786。

　　目的港船公司代理人公司名称、地址及联系方式如下：

TOMSOM SHIPPING COMPANY

186-0006 NAKA KUNITACHISHI, TOKYO JAPAN

FAX: +0081 13 139×××58

 单证 3.18

涉外货物运输险投保单

PICC 中国人民财产保险股份有限公司
PICC Property and Casualty Company Limited

运输险投保单

Application for Transportation Insurance

致：中国人民财产保险股份有限公司广州分公司

TO: PICC Property and Casualty Company Limited, Guangzhou Branch

收件人 ATTN		日期 DATE
被保险人: Assured: 兹有下列物品拟向中国人民财产保险股份有限公司投保 Insurance is required on the following commodities:		

标记 Marks & Nos.	包装及数量 Package & Quantity	保险货物项目 Description of Goods	保险金额 Amount Insured
			发票金额 Invoice Value

发票号 Invoice No. :		合同号 Contract No. :

信用证号 L/C NO. :	提单号 B/L NO. :	装载工具（填运输方式与具体车船名称） Per conveyance:

启运日期 Date of commencement:	自 From	经 Via	至 To

请将要保的险别说明（Please indicate the Conditions &/or Special Coverage）

备注：被保险人确认已经完全了解本保险合同条款和内容。

Remarks: THE ASSURED CONFIRMS HEREWITH THE TERMS AND CONDITIONS OF THESE INSURANCE CONTRACT FULLY UNDERSTOOD

投保人（公司盖章） Applicant's signature/or seal of proposer: 经办人 Signature:	传真 FAX NO.: +86-020-835×××36 电话 TEL NO.: +86-020-835×××37 日期 DATE:

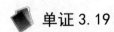

单证 3. 19

保险单

中国人民保险

中国人民财产保险股份有限公司 PICC PROPERTY AND CASUALTY COMPANY LIMITED 保险单号（Policy No.）

Head Office Beijing　　Established in 1949

货物运输保险保险单 CARGO TRANSPORTATION INSURANCE POLICY

发票号（Invoice No.）　　　　　　　　　提单号（B/L No.）

合同号（Contract No.）　　　　　　　　信用证号（L/C No.）

被保险人（The Insured）：_____

中国人民财产保险股份有限公司（以下简称本公司）根据被保险人的要求，以被保险人向本公司缴付约定的保险费为对价，按照本保险单列明条款承保下述货物运输保险，特订立本保险单。

This policy of Insurance witnesses that PICC Property and Casualty Company Limited (hereinafter called "the Company"), at the request of the insured and in consideration of the agreed premium paid to the Company by the insured, undertakes to insure the undermentioned goods in transportation subject to the conditions of the policy as per the clauses printed overleaf.

标记 Marks & Nos.	保险货物项目 Goods	包装及数量 Package & Quantity	保险金额 Amount Insured

总保险金额（Total Amount Insured）：

保费（Premium）： <u>AS ARRANGED</u>　起运日期（Date of Commencement）：

装载运输工具（Per Conveyance）：

自（From）：　　　　　　　　　经（Via）：　　　　　至（To）：

承保险别（Conditions）：

所保货物，如发生本保险单项下可能引起索赔的损失或损坏，<u>应立即通知本公司或下述代理人查勘。</u>

In the event of loss or damage which may result in a claim under this Policy, immediate notice must be given to the Company or Agent as mentioned.

　　　　Surveying and claim settling agents:

赔款偿付地点　　　　　　　　　　　　　保险服务请联系：

Claim payable at　　　　　　　　　　　Contact information of insurace service

签单日期　　　　　　　　　　　　　　中国人民财产保险股份有限公司广州分公司

Issuing date　　　　　　　　　　　　PICC Property and Casualty Company Limited Guangzhou Branch

　　　　　　　　　　　　　　　　　地址（ADD）：广州市越秀区黄华路 20 号

　　　　　　　　　　　　　　　　　保险人（Underwriter）：

单证 3. 20

Shipper	B/L NO.
	SINOTRANS GUANGZHOU COMPANY **PORT-TO-PORT OR COMBINED TRANSPORT** **BILL OF LADIING**
Consignee	RECEIVED in external apparent good order and condition except as otherwise noted. The total number of packages or units stuffed in the container, the description of the goods and weights shown in the B/L are furnished by the merchant, and which the carrier has no reasonable means of checking and is not a part of this B/L contract.
Notify Party	The carrier has issued the number of the B/L stated bellow, all of this tenor and the date, one of the original B/L must be surrendered and endorsed or signed against the delivery of the shipment and whereupon any other original B/L shall be void. The merchants agree to be bound by the terms and the conditions of this B/L as if each had personally signed this B/L

Pre-carriage by	Place of Receipt	
Ocean Vessel Voyage No.	Port of Loading	
Port of Discharge	Place of Delivery	Type of Movement (If mixed, use description of packages and goods field)

Particular Declared By the Shipper But Not Acknowledged By the Carrier				
Marks & Numbers	Description of Goods & Package	Container No. & Seal No.	Gross Weight(kg)	Measurement(m³)

Total Number of Containers Or Packages(in words)		
Freight Details, Charges etc.		
Numbers of Original Bill of Lading	Place and Date of Issue	For the Carrier SINOTRANS GUANGZHOU COMPANY Issue by_____

任务七 申领 RCEP 原产地证

任务背景

2023 年 6 月 21 日，李洋向出口口岸广州海关申领了 RCEP 原产地证。蘑菇罐头和干芒果的前 6 位商品编码分别是 2003.10 和 0804.50。该批出口货物为中国完全生产的产品。生产厂家为卖方在云南的分公司。原产地证号码是 RC22368978。

任务要求

请根据信用证的要求填报单证 3.21。有关栏目的填报要求请参照 RCEP 原产地证填报指引及表 3.8 的说明。

 单证 3.21

1. Goods Consigned from (Exporter's name, address and country)	Certificate No.: Form RCEP
	REGIONAL COMPREHENSIVE ECONOMIC PARTNERSHIP AGREEMENT
2. Goods Consigned to (Importer's/Consignee's name, address, country)	CERTIFICATE OF ORIGIN Issued in THE PEOPLE'S REPUBLIC OF CHINA (Country)
3. Producer's name, address and country (if known)	
4. Means of transport and route (if known): Departure Date: Vessel'name/Aircraft flight number, ect.: Port of discharge:	5. For Official Use Preferential Treatment: ☐ Given ☐ Not Given (please state reasons) <u>Verification: origin.customs.gov.cn</u> Signature of Authorised Signatory of the Customs Authority of the Importing Country

6. Item number	7. Marks and Numbers on packages	8. Number and kind of packages; description of goods	9. H.S. Code of the goods (6digit-level)	10. Origin Conferring Criterion	11.RCEP Country of Origin	12. Quantity (Gross weight or other measurement), and value(FOB) where RVC is applied	13. invoices number(s) and date of invoice(s)

14. Remarks

15. Declaration by the exporter or producer	16. Certification
The undersigned hereby declares that the above details and statements are correct and that the goods covered in this Certificate comply with the requirements specified for these goods in the Regional Comprehensive Economic Partnership Agreement.These goods are exported to: .... (Importing country) .... Place and date, and signature of authorised signatory	On the basis of control carried out, it is hereby certified that the information herein is correct and that the goods described comply with the origin requirements specified in the Regional Comprehensive Economic Partnership Agreement. .... Place and date, signature and seal or stamp of Issuing Body

17.   ☐ Back-to-back Certificate of Origin   ☐ Third Party Invoicing   ☐ ISSUED RETROACTIVELY

【知识补充】

RCEP 原产地证填写说明

1. 除以下特别说明的栏目外，其他栏目的填写与 FORM E 相同。

2. 第 10 栏的填报要求见表 3.8。

表 3.8　RCEP 原产地标准

原产地标准		第 10 栏填写内容
符合《区域全面经济伙伴关系协定》第三章第二条（一）的规定，在一缔约方完全获得或生产的货物		WO
符合《区域全面经济伙伴关系协定》第三章第二条（二）的规定，仅使用缔约方原产材料生产的货物		PE
符合《区域全面经济伙伴关系协定》第三章附件一（产品特定原产地规则）所列的适用要求，使用非原产材料生产的货物	（1）税则归类改变	（1）发生税则归类改变的，填写"CTC"
	（2）区域价值成分	（2）区域价值成分达到 40%或以上的，填写"RVC"
	（3）化学反应	（3）符合化学反应判断标准的，填写"CR"
符合《区域全面经济伙伴关系协定》第三章第四条"累积"规则的货物		ACU
符合《区域全面经济伙伴关系协定》第三章第七条"微小含量"规则的货物		DMI

3. 第 11 栏。此栏应填写原产国，如"CHINA"。

4. 第 12 栏。此栏应填写货物的正常计量单位，如"PCS""PAIRS""SETS"等。货物以重量计的则填毛重或净重，需加注"G.W."或"N.W."。如果第 10 栏原产地标准申报为"RVC"或"RVC ACU"，还应在此栏填写货物的 FOB 价格。

5. 第 14 栏。此栏为备注栏。本栏需按顺序填写第三方信息、原始原产地证明信息（背对背证书）、真实副本字样及证书其他备注项。

（1）如果发票由第三方开具，应在此栏注明开具发票的公司名称、地址及所在国家或地区等第三方信息。

（2）若该份证书为背对背证书，需按以下规范打印原始原产地证明信息。打印规范为：ORIGINAL PROOF OF ORIGIN REF NO.（原始证明号）；DATE OF ISSUANCE（原始证明签发日期）；ISSUING COUNTRY（签发国）；RCEP COUNTRY OF ORIGIN OF THE FIRST EXPORTING PARTY（首次出口的《区域全面经济伙伴关系协定》项下原产国或地区）；APPROVED EXPORTER AUTHORISATION CODE OF THE FIRST EXPORTING PARTY（首次出口国或地区的经核准卖方授权号）。

（3）若该份证书为经认证的真实副本，需打印："CERTIFIED TRUE COPY"；副本签发日期，如"THE DATE OF ISSUANCE: JAN. 01, 2023"。

（4）证书其他备注项，例如可填写客户订单编号、信用证编号等信息。

6. 第 17 栏。本栏为其他标注项目，背对背证书需勾选"Back-to-back Certificate of Origin"，使用第三方发票需勾选"Third Party Invoicing"，补发证书需勾选"ISSUED RETROACTIVELY"。

RCEP 原产地标准的详细填写说明可参考中国自由贸易区服务网所列《区域全面经济伙伴关系协定》（RCEP）第三章原产地规则及附件。

云资源

RCEP 原产地证

任务八　给买方发送装运通知

任务背景

信用证虽然没有要求受益人出示装船通知作为结算单证，但货物装船后卖方及时给予买方有关装船的通知是卖方的一个基本义务。2023 年 6 月 21 日，李洋通过电子邮件给买方发送了装船通知。

任务要求

填写装船通知（单证 3.22），并通过电子邮件发送给买方。船舶预计到达目的港的时间是 2023 年 6 月 27 日。

 单证 3.22

SHIPPING ADVICE

Messer:

                  Date:

Invoice No.:

L/C No.:

Dear Sirs,

  We hereby inform you that the goods under the above mentioned credit have been shipped. The details of the shipment are stated below.

  Description of Goods:

  Packages:

  Invoice Total Amount:

  Vessel Name:

  B/L No.:

  Container No./Seal No.:

  Port of Loading:

  Port of Discharge:

  On Board Date:

  ETA:

任务九　开立受益人证明

任务背景

李洋从广州市平安运国际物流有限公司拿到正本提单后，于 2023 年 6 月 21 日按信用证的要求开立了一份受益人证明，证明货物的生产日期不早于装船日期前 15 天。

任务要求

请按信用证的要求开立一份受益人证明（单证 3.23）。

任务十　开立汇票并及时到通知行交单议付

任务背景

卖方备齐信用证"46A Document Required"项下全套装运单证并正确背书。2023 年 6 月 22

日，李洋根据信用证的要求开立了一式两份见票后 30 天付款的远期汇票，连同全套装运单证交到通知行，完成了该笔业务项下的交单义务。

任务要求

请根据信用证及商业发票等信息填制该笔业务项下的汇票（单证 3.24）。

 单证 3.23

SUNSHINE ORGANIC FOOD TRADING CO., LTD.
HUARONG MANSION RM2901 NO.85 GONGYE ROAD GUANGZHOU GUANGDONG, P.R. CHINA
TEL: +86 020 885×××99

BENEFICIARY'S CERTIFICATE

Date:_____

L/C No.: _____

L/C Date:_____

Issuing Bank:_____

H.S. Code:_____

WE HEREBY TO CERTIFY THAT_____

_____

_____.

_____

Stamp and Signature

 单证 3.24

汇　票
BILL OF EXCHANGE

凭

Drawn under _____

信用证　　　第　　　　号

L/C No._____

日期

Dated_____

号码　　　汇票金额　　　　　　中　国　年　月　日

No.　　　Exchange for _____China. _____

见票　　　　　　　日　后（本　汇　票　之　副　本　未　付）付

At _____Sight of this FIRST of Exchange (Second of exchange being unpaid)

收款人或其指定人

Pay to the order of _____

金额

The sum of _____

此致

To _____

For _____

实训二　审核信用证

◆业务背景◆

　　2023 年 9 月 10 日，卖方 SHENZHEN CHENGPING IMPORT & EXPORT CO.业务代表李军与买方 COSTO TRADING COMPANY 签订了一份买卖女裙的销售确认书（S/C NO. COSTO202314）。双方约定采用 FOB SHENZHEN 术语成交，并规定采用即期信用证方式支付货款，2023 年 10 月 7 日李军收到了对方开来的信用证（L/C NO. 789325），销售确认书和信用证的具体内容见单证 3.25 和单证 3.26。

 单证 3.25

SALES　　CONFIRMATION

SELLER: SHENZHEN CHENGPING IMPORT & EXPORT CO.　　　NO.: COSTO202314
ADDRESS: NO. 529, JIANGUO ROAD, SHENZHEN, CHINA　　DATE: SEP. 10, 2023
　　　　　　　　　　　　　　　　　　　　　　　　　　　SIGNED AT SHENZHEN

BUYER: COSTO TRADING COMPANY
ADDRESS: P.O. BOX203 GDANSK, POLAND

THE UNDERSIGNED SELLERS AND BUYERS HAVE AGREED TO CLOSE THE FOLLOWING TRANSACTION ACCORDING TO THE TERMS AND CONDITIONS STIPULATED BELOW:

DESCRIPTION OF GOODS	QUANTITY	UNIT PRICE	AMOUNT
45% POLYESTER 55% COTTON LADY'S SKIRTS STYLE NO. A101 STYLE NO. A102 ORDER NO.:HMW0501	 400DOZ 400DOZ	FOB SHENZHEN USD60/DOZ USD80/DOZ	 USD24,000.00 USD32,000.00
TOTAL	800DOZ		USD56,000.00

PACKING: 10 DOZ PACKED IN ONE CARTON
SHIPPING MARKS: N/M
TIME OF SHIPMENT: DURING DECEMBER, 2023
PORT OF LOADING: SHENZHEN
PORT OF DESTINATION: GDANSK
　　　　　　　　　PARTIAL SHIPMENTS AND TRANSSHIPMENT ALLOWED
PAYMENT: L/C AT SIGHT
INSURANCE: TO BE EFFECTED BY BUYER
THE SELLER　　　　　　　　　　　　　　　　　THE BUYER
SHENZHEN CHENGPING IMPORT & EXPORT CO.　　COSTO TRADING COMPANY

　　　　　李军　　　　　　　　　　　　　　　　　Jason

单证 3.26

```
27: SEQUENCE OF TOTAL                    1/1
40A: FORM OF DOCUMENTARY CREDIT     IRREVOCABLE
20: DOCUMENTARY CREDIT NUMBER     789325
31C: DATE OF ISSUE                    20231007
31D: DATE AND PLACE OF EXPIRY          240115 IN POLAND
50: APPLICANT                       COSTO TRADING COMPANY
                                    P.O. BOX203 GDANSK, POLAND
59: BENEFICIARY                     SHENZHEN CHENGPING IMPORT & EXPORT CO.
                                    NO. 529, JIANGUO ROAD, SHENZHEN, CHINA
32B: CURRENCY CODE, AMOUNT          CURRENCY USD AMOUNT 56,000.00
41D: AVAILABLE WITH…BY…             BANK OF CHINA, SHENZHEN BRANCH
                                    BY DEFERED PAYMENT
42C: DRAFTS AT…                     60 DAYS AFTER B/L DATE
42A: DRAWEE                         ISSUING BANK
43P: PARTIAL SHIPMENTS              NOT ALLOWED
43T: TRANSSHIPMENT                  ALLOWED
44E: PORT OF LOADING/AIRPORT OF DEPARTURE
                                    CHINA MAIN PORT
44F: PORT OF DISCHARG/AIRPORT OF DESTINATION
                                    GDANSK
44C: LATEST DATE OF SHIPMENT       231231
45A: DESCRIPTION OF GOODS AND/OR SERVICES
                    55% POLYESTER 45% COTTON LADY'S SKIRTS
                    STYLE NO.A101 400DOZ USD60/PC
                    STYLE NO.A102 400DOZ USD80/PC

                    AS PER CONTRACT NO. COSTO202314 DATED AUG 10, 2023
                    PRICE TERM: FOB SHENZHEN
46A: DOCUMENTS REQUIRED
+ SIGNED COMMERCIAL INVOICE IN DUPLICATE.
+ PACKING LIST IN ONE ORIGINAL AND 2 COPIES.
+ FULL SET CLEAN ON BOARD OCEAN BILL OF LADING MADE OUT TO ORDER OF ISSUING BANK AND BLANK
ENDORSED MARKED "FREIGHT PREPAID" NOTIFYING THE APPLICANT.
+ CERTIFICATE OF ORIGIN IN DUPLICATE.
+ INSURANCE POLICY/CERTIFICATE IN DUPLICATE, COVERING ALL RISKS OF PICC CLAIM PAYABLE AT POLAND.
+ BENEFICIARY'S CERTIFICATE REQUIRED CERTIFYING THAT ONE ORIGINAL BILL OF LADING TOGETHER WITH
COPY OF OTHER DOCUMENTS WERE SENT DIRECTLY TO APPLICANT AFTER 2 DAYS FROM SHIPMENT DATE.
47A: ADDITIONAL CONDITIONS
+ ALL DOCUMENTS MUST BE IN ENGLISH AND SHOW THIS L/C NO.
+ SHIPMENTS MUST BE EFFECTED BY FCL.
71D: CHARGES
 ALL BANK CHARGES OUTSIDE POLAND ARE FOR ACCOUNT OF BENEFICIARY.
48: PERIOD FOR PRESENTATION IN DAYS       015
49: CONFIRMATION INSTRUCTIONS         WITHOUT
72Z: SENDER TO RECEIVER INFORMATION
THIS CREDIT IS SUBJECT TO UCP 600.
```

◆实训要求◆

请根据销售确认书（S/C NO. COSTO202314）审核信用证（L/C NO. 789325）的各项条款，如信用证有不符合销售确认书规定或无法办到的条款，请提出修改意见，把修改意见填写在表3.9中。

表 3.9　信用证修改意见

序号	需要修改的地方	修改意见
1		
2		
3		
4		
5		
6		
7		
8		
9		
10		

【知识补充】

审核信用证的要求和修改信用证的原则

审核信用证是指卖方在收到国外银行开来的信用证之后，对来证的各项条款逐一核对和审查。对不符合出口合同规定或无法办到的信用证条款，卖方要及时提请开证申请人向开证行申请修改，尽量避免因单证不符导致货款被拒付或延期收款的情况发生。

信用证业务实行的付款原则是"单单相符、单证相符"，如果受益人提交的单证与信用证要求不相符，开证行有权利拒付。在实际业务中，由于种种原因，如买方或开证行的工作疏忽、电文传递错误、贸易习惯的不同或买方有意利用开证的主动权加列对其有利的条款等，常常出现信用证条款与合同不符的情况。

一、审核信用证的要求

审核信用证的依据主要是买卖合同、《UCP600》、《ISBP745》以及业务实际情况。在实际业务中，通知行和卖方共同完成审核信用证的任务。通知行侧重政策性和信用证真实性的审核，如开证行的政治背景、资信能力、付款责任和索汇路线等；卖方侧重审核信用证条款。

卖方应对信用证中的以下事项认真进行审核。

（一）检查信用证的基本要素是否正确

例如，卖方需要检查开证申请人与受益人的名称和地址，信用证金额、币别，货物描述说明等基本要素是否与合同相符。

1. 信用证开证申请人与受益人的名称、地址要与合同相符

信用证中时常有将开证申请人、受益人混淆，或名称拼写错误的情况。例如，合同上卖方为 "China National Textiles Import & Export Corporation, Guangzhou Branch"，信用证中受益人为 "China National Textiles Import & Export Corporation"，前者是 "中国纺织品进出口公司广州分公司"，后者为 "中国纺织品进出口公司"，两者是不同的。

2. 信用证金额、币别要与合同相符

检查信用证金额、币别是否与合同一致。如果合同规定允许数量上有一定幅度的变化，信用证在金额方面也应规定允许有同等幅度的变化。

3. 货物描述说明要与合同一致

货物描述说明包括商品品名、数量、包装、规格、贸易术语等，这些是合同中的重要条款，也是卖方交货的重要依据，卖方需要将信用证中的商品品名、数量、包装、规格、贸易术语和合同条款一一对照，看其是否符合合同的规定。

（二）检查相关期限的规定是否合理

信用证对期限的规定主要有最迟装船日期、交单期和信用证有效期三方面。最迟装船日期是指卖方要在此日期前出货，运输单证日期不能晚于此日期。交单期是指卖方必须在拿到运输单证后若干天内把全套单证提交指定银行。信用证有效期，即信用证的截止日，是指信用证在此日期前有效，过期作废。对"三期"内容的审核应注意以下几点。

（1）卖方能否在信用证规定的最迟装船日期前备妥有关货物并按期装运。如果收到信用证的日期距离最迟装船日期太近，无法按期装运，卖方应及时与买方联系，要求推迟信用证的最迟装船日期和延长信用证有效期。

（2）信用证规定的交单期与最迟装船日期相距不能太近。信用证中规定的交单期一般为装船后 7~15 天，以便卖方在货物装船后有充足的时间交单。如果信用证没有规定交单期，按《UCP600》的规定，当提交的单证包含一份或多份正本运输单证时，则须由受益人或其代表，在不迟于本惯例所指的装运日之后的 21 个日历日内交单，但是在任何情况下都不得迟于信用证的有效期。

（3）信用证有效期与最迟装船日期之间应留有足够的时间，以便卖方按时交单。在进出口业务中，信用证的有效期宜安排在最迟装船日期后 7~15 天。例如，信用证规定最迟装船日期为 10 月 31 日，则信用证有效期应规定为 11 月 15 日（11 月 7 日—15 日中任何一天都可以），不要出现信用证的有效期也是 10 月 31 日这种"双到期"的情况。

（4）信用证到期地点应为卖方所在地。如果是在买方所在地到期，则意味着卖方需要在有

效期内把单证快递到买方所在地，卖方往往无法保证单证到达时间。我国的出口业务通常要求把信用证到期地点规定为"IN CHINA"或"IN BENEFICIARY'S COUNTRY"。

（三）检查信用证运输、保险条款是否与合同相符

1. 审核信用证运输条款

审核信用证对装运港、目的港的规定是否与合同一致，其是否特别规定了运输方式、运输路线、运输工具。例如，当信用证中特别规定要求出具轮船船龄证明等时，卖方应及时与承运方联系，如不能办到，应及时提出修改。

还需审核信用证是否允许分批装运和转运。若信用证规定允许分批装运，并限定了每一批装运的时间和数量，此时需要注意其规定是否合理。按《UCP600》的规定，若信用证规定了每一批装运的数量和时间，受益人每一批货物都必须按时、按量装运，当任何一批货物未按规定装运时，信用证对该批及以后各批货物均告失效。

2. 审核信用证保险条款

审核信用证对保险单证的规定是否合理。例如，在以FOB术语出口时，买方负责办理货物运输手续，卖方无办理运输保险的义务，信用证不应要求卖方提供保险单证。在以CIF或CIP术语出口时，则应对照合同检查信用证中的保险险别、保险金额是否正确。

（四）检查信用证是否有不合理条款或信用证条款之间是否有自相矛盾的情况

如信用证有不合理的条款或信用证条款之间有自相矛盾的情况，会导致卖方因难以满足这些条款的要求而不能安全收汇。一旦审核时发现这些情况，卖方应提请买方删除或修改。

1. 信用证对受益人提交的单证附加不合理要求

例如，规定商检证书必须获得买方或其指定第三方签章确认方可生效；规定受益人必须提交买方签发的货物收据，其签章必须与开证行或通知行持有的样本相符；规定受益人必须提交相关承运人的声明或是开证申请人的声明，表明其已经按照某种要求进行了相关操作。

2. 信用证对付款责任的不合理规定

例如，规定只有在货物清关后或由主管部门批准进口后开证行才付款；规定信用证暂不生效，等买方申请到许可证并通知受益人后方可生效；在背对背信用证中规定只有××号信用证项下货款收妥后才付款等。

3. 信用证条款之间自相矛盾的情况

例如，空运的情况下要求受益人提交海运提单；价格条款是FOB或CFR，由买方办理货运保险，却在单证条款中要求卖方提交保险单证；价格条款是FOB或FCA，却要求卖方在海运提单中标明运费预付；单证条款中要求受益人提交全套海运提单同时信用证又规定受益人把1/3正本提单直接寄送给开证申请人。

二、修改信用证的原则

对于审证后发现的问题是否需要提请开证申请人申请修改，卖方（即受益人）应遵循"利己不损人""不损己不损人"的原则。具体来讲，有以下五种常见的处理方法。

（1）对卖方无影响，也不影响买方利益的，一般不改。例如，信用证规定的装运港为"CHINA MAIN PORT"，而合同规定的装运港为"SHENZHEN"，虽然信用证与合同的规定不一致，但信用证规定的中国主要港口当然包括深圳港，卖方在实际业务中安排深圳港口装船即可，无须修改信用证。

（2）对卖方有利，但会影响买方利益的，一定要改。例如，信用证中有关货物的单价、金额比合同中的单价、金额高，明显对卖方有利但会损害买方的利益，此时一定要修改信用证。

（3）对卖方不利，但在不增加或基本不增加成本的情况下可以完成的，可以不改。例如，信用证规定不允许分批装运，合同规定可以分批装运但没有明确的分批装运次数和每一批装运时间的规定，按信用证的规定卖方虽然少了可以分批装运的弹性选择，但如果卖方在没有增加成本的情况下实际上是可以按时一次性完成交货的，此时无须修改信用证。

（4）对卖方不利，又要在增加较大成本的情况下才可以完成，若买方愿意承担成本，则可以不改，否则要改。例如，信用证规定投保金额为"120% of invoice value"，而合同规定的投保金额为"110% of invoice value"，很明显，如卖方按信用证的要求投保将会导致保险费的支出增加，如买方愿意承担增加的保险费，则可以不修改信用证，而如买方不愿意，则需要修改信用证。

（5）对卖方不利，若不改会严重影响安全收汇的，则坚决要改。

上文所提到的信用证中有不合理的条款或信用证条款之间自相矛盾的情况，会导致卖方因难以满足这些条款的要求而不能安全收汇。一旦审核时发现这些情况，卖方应提请买方删除或修改。

例如，信用证规定的到期地点为买方所在地，很容易造成卖方的单证无法按时到达从而影响卖方收回货款，因此需要把信用证到期地点规定为"IN CHINA"或"IN BENEFICIARY'S COUNTRY"。

又如，信用证规定"The merchandise is subject to a subsequent inspection in Panama, if not in conformity with our standard, Payment should be refused."这个条款其实已经违背了开证行凭相符单证付款的原则，卖方务必提出删除的意见。

三、修改信用证的流程与注意事项

在对信用证全面审核后，卖方对审证后发现的问题遵循"利己不损人""不损己不损人"的原则分情况及时处理，对于做不到的不合理条款以及影响安全收汇的条款，必须要求买方向开证行申请修改。

1. 修改信用证的流程

修改信用证的流程：受益人审核信用证发现问题→受益人向开证申请人提出修改意见→开证申请人向开证行提出修改申请→开证行向原通知行发送信用证修改书（MT707）→通知行向受益人通知信用证修改书→受益人重新审核→受益人决定接受或拒绝并发出通知。

信用证修改书和信用证一样，以固定的条款格式列出各项修改的内容。根据《UCP600》第 10 条 c 款规定，在受益人告知通知修改的银行其接受该修改之前，原信用证（或含有先前被接受的修改的信用证）的条款对受益人仍然有效。受益人应给予接受或拒绝修改的通知。如果受益人未能给予通知，当交单与信用证以及尚未表示接受的修改的要求一致时，即视为受益人已做出接受修改的通知，并且从此时起，该信用证被修改。

也就是说，受益人收到信用证修改书后有权决定是否接受：若接受，可按照原信用证和修改后的内容出货、制单结汇；若不接受，可以重新提出修改；受益人若放弃修改，也可以按原信用证要求出货及制单结汇。

2. 修改信用证的注意事项

关于信用证的修改，应掌握以下原则和注意事项。

（1）凡未经开证行、保兑行（如果有）以及受益人同意，信用证既不能修改也不能撤销。

（2）信用证涉及多处修改的，受益人应该整理修改要求，一次性向开证申请人提出，避免多次修改信用证。

（3）受益人对于信用证修改书要么全部接受，要么全部拒绝，部分接受信用证修改书是无效的。

（4）《UCP600》第10条f款规定：修改中关于除非受益人在某一时间内拒绝修改否则修改生效的规定应被不予理会。这一条款明确否定了银行"如受益人未在规定时间内发出通知，则修改生效"规定的有效性，给予了受益人在未发出接受通知的情况下仍有选择接受修改或拒绝修改的权利。

（5）有关信用证修改必须通过原通知行传递才真实有效，通过开证申请人直接寄送的修改申请书或复印件不是有效的修改。

实训三　审核信用证项下的全套结汇单证

请根据单证 3.27 所示的信用证（L/C NO. 001825789×××），依据"单证一致""单单一致"的原则审核该笔业务项下的全套结汇单证（单证 3.28～单证 3.33），如发现单证存在不符点，请提出修改意见，把审单记录和修改意见填写在表 3.10 中。

 单证 3.27

Message Header	
Swift　Input　fin.700	FIN MT700 - Issue of a Documentary Credit
FIN	
Sender	
Unit:	U119
Sender Logical Terminal:	SDBLBDDHA
Type:	Institution
Institution:	SDBLBDDH119
Receiver	
Type:	Institution
Institution:	BKHZCNBH×××
Address Expansion	
Institution:	BANK OF HUZHOU CO., LTD.
Branch:	
City:	HUZHOU
Country:	CN
Options	
Priority:	Normal
Monitoring:	None
User PDE:	No
Message Text	
27: Sequence of Total	1/1

40A: Form of Documentary Credit	IRREVOCABLE
20: Documentary Credit Number	001825789×××
31C: Date of Issue	220620
40E: Applicable Rules	UCP LATEST VERSION
31D: Date and Place of Expiry	220810 IN CHINA
51A: Applicant Bank	SDBLBDDH119
	STANDARD BANK LIMITED (BANANI BRANCH)
	DHAKA BD
50: Applicant	MALINAHA INTERNATIONAL COMPANY
	PLOT: 658, ROOM: D-1286, BANICHITRA PROTISTHAN
	DHAKA-1212 BANGLADESH
59: Beneficiary	GOALWAY INTERNATIONAL TRADING CO., LTD.
	NO.126 SHAHE STREET, TIANHE DISTRICT,
	GUANGZHOU GUANGDONG, P.R. CHINA
32B: Currency Code, Amount	USD43,120.00
41D: Available with…by…	ANY BANK IN CHINA BY NEGOTIATION
42C: Drafts at…	AT SIGHT
42D: Drawee	STANDARD BANK LIMITED (BANANI BRANCH)
	DHAKA BD
43P: Partial Shipments	NOT ALLOWED
43T: Transshipment	ALLOWED
44E: Port of Loading/Airport of Departure	ANY PORT IN CHINA
44F: Port of Discharge/Airport of Destination	CHITTAGONG SEAPORT, BANGLADESH BY SEA
44C: Latest Date of Shipment	220731

45A: Description of Goods and/or Services

LADIES COTTON BLAZER (100% COTTON, 40S×20/140×60)

STYLE NO.	COLOR	QTY/PCS	USD/PC
46-301W	WHITE	1,000	9.80
46-301B	BLUE	1,600	9.80
46-301G	GREY	1,800	9.80

DETAILS AS PER PROFORMA INVOICE NO.:MI-22-1260 DATED JUNE 2, 2022

INCOTERMS 2020: CFR CHITTAGONG SEA PORT, BANGLADESH

TO BE MENTIONED IN THE COMMERCIAL INVOICE

46A: Documents Required

+ BENEFICIARY'S MANULLY SIGNED COMMERCIAL INVOICE IN 8 COPIES.

+ PAKCING LIST SHOWING NET AND GROSS WEIGHT OF EACH PACKAGE IN 6 COPIES.

+ FULL SET CLEAN ON BOARD OCEAN BILL OF LADING DRAWN TO THE ORDER

OF ISSUING BANK (ADDRESS: HOUSE NO-98, ROAD NO-11, BLOCK-C, BANANI, DHAKA, BANGLADESH,

BIN-1901×××128) MARKED FREIGHT PREPAID, NOTIFY APPLICANT AND ISSUING BANK WITH FULL ADDRESS.

+ INSURANCE COVERED BY THE OPENER AND ALL SHIPMENT UNDER THIS CREDIT MUST BE ADVICED BY

BENEFICIARY WITHIN 2 (TWO) DAYS AFTER SHIPMENT DIRECT TO SONAR BANGLA INSURANCE LIMITED, FAKIRAPOOL BRANCH.THIS ADVICE MUST MENTIONED THE OPENER REFERRING COVER NOTE NO.: SBIL/FPB/042/2022 AND FULL DETAILS OF SHIPMENT BY E-MAIL, AND A COPY OF THIS ADVICE SHALL ACCOMPANY WITH THE DOCUMENTS.

+ CERTIFICATE OF ORIGIN IN 3 COPIES, ISSUED BY CHAMBER OF COMMERCE AND INDUSTRY OR SIMILAR INSTITUTION SHOWING GOODS ARE OF CHINA ORIGIN.

47A: Additional Conditions

+ SHIPMENT/TRANSSHIPMENT BY ISRAEL FLAG VESSEL IS PROHIBITED.

+ NAME OF LOCAL SHPPING AGENT IN BANGLADESH SHOULD BE MENTIONED ON THE BILL OF LADING WITH FULL ADDRESS.

+ PRICE GOODS FOB VALUE AND FREIGHT CHARGE MUST MENTIONE SEPARATELY IN COMMERCIAL INVOICE AS PER BANGLADESH LOCAL REGULATORY AUTHORITY.

+ NO DOCUMENTS SHOULD BE DATED EARLIER THAN THE DATE OF LETTER OF CREDIT ISSUE DATE.

71D: Charges   ALL BANK CHARGES OUTSIDE BANGLADESH

                                                    INCLUDING REIMBURSING BANK COMMISSION

                                                    AND DISCREPANCY FEE (IF ANY) ARE FOR

                                                    BENEFICIARIES' ACCOUNT.

48: Period for Presentation in days   010

49: Confirmation Instructions   WITHOUT

78: Instructions to the Paying/Accepting/Negotiating Bank

+ UPON RECEIPT OF THE DOCUMENTS IN COMPLIANCE WITH THE TERMS AND CONDITIONS OF THIS CREDIT, WE WILL REIMBURSE THE NEGOTIATING BANK IN ACCORDANCE WITH THEIR INSTRUCTION.

+A DISCREPANCY FEE OF USD100.00 OR EQUIVALENT WILL BE DEDUCTED FROM THE PROCEEDS OF EACH BILL OF THE DOCUMENTS ARE NOT DRAWN PROPERLY AS PER L/C TERM.

57A: Advise Through Bank   GDBKCN22   CHINA GUANGFA BANK CO., LTD.

                                                 (HEAD OFFICE)

                                                 GUANGZHOU CN

Network Data

Network: SWIFT

End of Message

单证 3.28

商业发票

Issuer GOALWAY INTERNATIONAL TRADING CO., LTD. NO.126 SHAHE STREET, TIANHE DISTRICT, GUANGZHOU GUANGDONG, P.R. CHINA	**COMMERCIAL INVOICE**	
To/Buyer MALINAHA INTERNATIONAL COMPANY PLOT: 658, ROOM: D-1286, BANICHITRA PROTISTHAN DHAKA-1212 BANGLADESH	Invoice No. GIT22056	Invoice Date July 15, 2022
	L/C No. 001825789×××	L/C Date June 20, 2022
Transport Details FROM GUANGZHOU TO CHITTAGONG SEAPORT, BANGLADESH BY SEA	Issuing bank STANDARD BANK LIMITED (BANANI BRANCH) DHAKA BD	

Marks and Numbers	Description of Goods	Quantity	Unit Price CFR CHITTAGONG	Amount
N/M	LADIES COTTON BLAZER (100% COTTON, 40S×20/140×60) STYLE NO. 46-301W WHITE	1,000PCS	USD9.8	USD9,800.00
	STYLE NO.46-301B BLUE	1,600PCS	USD9.8	USD15,680.00
	STYLE NO.46-301G GREY	1,800PCS	USD9.8	USD17,640.00
Total:		4,400PCS		USD43,120.00

TOTAL AMOUNT: US DOLLARS FORTY THREE THOUSAND ONE HUNDRED AND TWENTY ONLY.

GOALWAY INTERNATIONAL TRADING CO., LTD.

王丽

（Stamp &Signature）

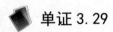 单证 3. 29

装箱单

Issuer GOALWAY INTERNATIONAL TRADING CO., LTD. NO.126 SHAHE STREET, TIANHE DISTRICT, GUANGZHOU GUANGDONG, P.R. CHINA		**PACKING LIST**				
To/Buyer MALINAHA INTERNATIONAL COMPANY PLOT: 658, ROOM: D-1286, BANICHITRA PROTISTHAN DHAKA-1212 BANGLADESH		Invoice No. GIT22056			Invoice Date July 15, 2022	
		L/C NO. 001825789×××			L/C Date June 20, 2022	
Transport Details FROM GUANGZHOU TO CHITTAGONG SEAPORT, BANGLADESH BY SEA		Issuing Bank STANDARD BANK LIMITED (BANANI BRANCH) DHAKA BD				
Marks and Numbers	Description of Goods	Quantity	Package	G.W.	N.W.	Meas.
N/M	LADIES COTTON BLAZER (100% COTTON, 40S×20/140×60) STYLE NO. 46-301W WHITE	1,000PCS	50CTNS	1,000kgs	900kgs	4m^3
	STYLE NO. 46-301B BLUE	1,600PCS	80CTNS	1,600kgs	1,440kgs	6.4m^3
	STYLE NO. 46-301G GREEN	1,800PCS	90CTNS	1,800kgs	1,620kgs	7.2m^3
Total:		4,400PCS	220CTNS	4,400kgs	3,960kgs	17.6m^3
Say Total Packages: TWO HUNDRED AND TWENTY CARTONS ONLY.						
		GOALWAY INTERNATIONAL TRADING CO., LTD. 王丽 ———————————— （Stamp &Signature）				

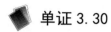 单证 3. 30

海运提单

Shipper GOALWAY INTERNATIONAL TRADING CO., LTD. NO.126 SHAHE STREET, TIANHE DISTRICT, GUANGZHOU GUANGDONG, P.R. CHINA	**B/L NO.: SITR21568976**

B/L NO.: SITR21568976

SINOTRANS GUANGZHOU COMPANY
PORT-TO-PORT OR COMBINED TRANSPORT BILL OF LADIING

Consignee TO ORDER OF SHIPPER	

Notify Party MALINAHA INTERNATIONAL COMPANY PLOT: 658, ROOM: D-1286, BANICHITRA PROTISTHAN DHAKA-1212 BANGLADESH	RECEIVED in external apparent good order and condition except as otherwise noted. The total number of packages or units stuffed in the container, the description of the goods and weights shown in the B/L are furnished by the merchant, and which the carrier has no reasonable means of checking and is not a part of this B/L contract. The carrier has issued the number of the B/L stated bellow, all of this tenor and the date, one of the original B/L must be surrendered and endorsed or signed against the delivery of the shipment and whereupon any other original B/L shall be void. The merchants agree to be bound by the terms and the conditions of this B/L as if each had personally signed this B/L

Pre-carriage by	Place of Receipt	
Ocean Vessel Voyage No. JINGYUN V.8986	**Port of Loading** GUANGZHOU	
Port of Discharge CHITTAGONG, BANGLADESH	**Place of Delivery**	Type of Movement (If mixed, use description of packages and goods field)

Particular Declared By the Shipper But Not Acknowledged By the Carrier

Marks & Numbers	Description of Goods & Package	Container No. & Seal No.	Gross Weight (kg)	Measurement (m³)
N/M	220 CARTONS OF LADIES COTTON BLAZER 　　　LCL-LCL　CFS-CFS		4,400kgs	17.6 m³
			SHIPPED ON BOARD DATE JULY 25, 2022 FREIGHT PREPAID	

Total Number of Containers: TWO HUNDRED AND TWENTY CARTONS ONLY.
　Or Packages(in words)

Freight Details, Charges etc.

Numbers of Original Bill of Lading THREE (3)	Place and Date of Issue GUANGZHOU, JULY 25, 2022	For the Carrier SINOTRANS GUANGZHOU COMPANY Issue by_____SINOTRANS GUANGZHOU COMPANY 　　　　　　AS CARRIER

单证 3. 31

一般原产地证

1.Exporter GOALWAY INTERNATIONAL TRADING CO., LTD. NO.126 SHAHE STREET, TIANHE DISTRICT, GUANGZHOU GUANGDONG, P.R. CHINA	Certificate No. **CERTIFICATE OF ORIGIN** **OF** **THE PEOPLE'S REPUBLIC OF CHINA**		
2.Consignee MALINAHA INTERNATIONAL COMPANY PLOT: 658, ROOM: D-1286, BANICHITRA PROTISTHAN DHAKA-1212 BANGLADESH			
3.Means of transport and route FROM GUANGZHOU TO CHITTAGONG SEAPORT, BANGLADESH BY SEA	5.For certifying authority use only		
4.Country/region of destination BANGLADESH			
6.Marks and numbers 7.Number and kind of packages; description of goods	8.H.S.Code	9.Quantity	10.Number and date of invoices
N/M TWO HUNDRED AND TWENTY TWO (220) CARTONS OF LADIES COTTON BLAZER ***	6211.4290	4,600PCS	GIT22056 JULY 15, 2022
11.Declaration by the exporter The undersigned hereby declares that the above details and statements are correct, that all the goods were produced in China and that they comply with the Rules of Origin of the People's Republic of China. GUANGHZOU, JULY 20, 2022 王丽 --- Place and date, signature and stamp of authorized signatory	12.Certification It is hereby certified that the declaration by the exporter is correct. --- Place and date, signature and stamp of certifying authority		

📎 单证 3. 32

装运通知

GOALWAY INTERNATIONAL TRADING CO., LTD.

NO.126 SHAHE STREET, TIANHE DISTRICT,
GUANGZHOU GUANGDONG, P.R. CHINA

<u>SHIPPING ADVICE</u>

Messer: MALINAHA INTERNATIONAL COMPANY
　　　　PLOT: 658, ROOM: D-1286, BANICHITRA PROTISTHAN
　　　　DHAKA-1212 BANGLADESH　　　　　　　　　　Date: JULY 29, 2022
Invoice No.: GIT22056
L/C No.: 001825789×××
Proforma Invoice No.: MI-22-1260
Dear Sirs,
　　We hereby inform you that the goods under the above mentioned credit have been shipped.The details of the shipment are stated below.
　　Description of Goods: LADIES COTTON BLAZER
　　Quantity: 4,400PCS
　　Invoice Total Amount: USD43,120.00
　　Vessel Name: JINGYUN V.8986
　　B/L No.: SITR21568976
　　Port of Loading: GUANGZHOU
　　Port of Discharge: CHITTAGONG, BANGLADESH
　　On Board Date: JULY 25, 2022

GOALWAY INTERNATIONAL TRADING CO., LTD.

王丽
（Stamp &Signature）

📎 单证 3. 33

汇　票

BILL OF EXCHANGE

凭

Drawn under　<u>STANDARD BANK LIMITED (BANANI BRANCH) DHAKA BD</u>

信用证　　　第　　　　　号
L/C No._____001825789×××_____
日期
Dated____JUNE 20, 2022_____
号码　　　汇 票 金 额　　　　中 国 年 月 日
No. __GIT22056__ Exchange for ___USD43,120.00___ China. __JULY 29, 2022__
见票　　　　　　　日 后（本 汇 票 之 副 本 未 付）付
At ___******___Sight of this FIRST of Exchange (Second of exchange being unpaid)
收款人或其指定人
Pay to the order of ____CHINA GUANGFA BANK CO., LTD. GUANGZHOU CN_____
金额
The sum of ___US DOLLARS FORTY THREE THOUSAND ONE HUNDRED AND TWENTY ONLY.____
此致
To ____MALINAHA INTERNATIONAL COMPANY_____
_____PLOT: 658, ROOM: D-1286, BANICHITRA PROTISTHAN____
_____DHAKA-1212 BANGLADESH____

For __GOALWAY INTERNATIONAL TRADING CO., LTD.__

王丽
（Stamp &Signature）

表 3.10 审单记录和修改意见

信用证号码							金额					开证日期			
开证行															
装运期						有效期				交单期					
单证种类	汇票	商业发票	装箱单	重量单	尺码单	保险单	提单正本	提单副本	一般原产地证	优惠原产地证	检验证书	装运通知	寄单证明	寄样证明	受益人证明	快递收据	其他
应交份数																	
单证存在的问题																	
单证员签字																	

>>> 理论测试 >>>

一、单项选择题

1. 我方 A 公司与外商 B 公司成交出口某货物，贸易术语为 CIF TOKYO，应由（　　）办理保险。

　　A. 我方 A 公司　　　B. 外商 B 公司　　　C. 两方协商决定　　　D. 以上均不正确

2. 《2020 通则》明确规定，采用 CIF 或 CIP 术语成交，最低保险金额须为合同规定的价款加（　　）。

　　A. 10%　　　　　　B. 20%　　　　　　C. 30%　　　　　　D. 40%

3. 在信用证方式下，银行保证向信用证受益人履行付款责任的条件是（　　）。

　　A. 受益人按期履行合同　　　　　　　　B. 受益人按信用证规定交货

　　C. 开证申请人到开证行付款赎单　　　　D. 受益人提交严格符合信用证要求的单证

4. 信用证的基础是买卖合同，当信用证与买卖合同不一致且对受益人不利时，受益人应要求（　　）。

　　A. 开证行修改　　　　　　　　　　　　B. 开证申请人向开证行申请修改

　　C. 通知行修改　　　　　　　　　　　　D. 议付行修改

5. 根据《UCP600》的解释，信用证的第一付款人是（　　）。

　　A. 买方　　　　　　B. 开证行　　　　　C. 议付行　　　　　D. 通知行

6. 在商业单证中处于中心地位的单证是（　　）。

　　A. commercial invoice　　　　　　　　B. customer invoice

　　C. B/L　　　　　　　　　　　　　　　D. insurance policy

7. 根据联合国设计推荐使用的国际标准化货币代码，中国、美国、欧盟的货币单位表述正确的是（　　）。

　　A. RMB/USD/EUR　　B. CNY/USD/UER　　C. CNY/USD/EUR　　D. CNY/US$/EUR

8. 根据《UCP600》的规定，除非另有规定，商业发票必须由信用证受益人开具，必须以（　　）为抬头。

　　A. 开证行　　　　　B. 开证申请人　　　C. 指定付款行　　　D. 议付行

9. 某批出口货物按 CIF 术语成交，发票总金额为 12,000 美元，信用证规定按发票总金额 110% 投保一切险和战争险，保险公司规定的保险费率分别为 0.5% 和 0.1%，保险金额和保险费分别为（　　）。

　　A. 12,000 美元、60 美元　　　　　　　B. 12,000 美元、72 美元

　　C. 13,200 美元、66 美元　　　　　　　D. 13,200 美元、79.2 美元

10. 按照我国海运货物保险条款的规定，投保平安险后不可以加保（　　）。

　　A. 偷窃、提货不着险　　　　　　　　　B. 水渍险

　　C. 战争险　　　　　　　　　　　　　　D. 淡水雨淋险

11. 根据《UCP600》的规定，如果信用证采用诸如 "in triplicate" "in three fold" "in three copies" 等用语规定某种单证的份数，则受益人至少提交（　　）正本，其余使用副本单证来满足。

　　A. 一份　　　　　　　B. 二份　　　　　　　C. 三份　　　　　　　D. 四份

12. 在信用证 42D Drawee 条款中注明"issuing bank"，受益人填制汇票时，付款人必须填写（　　）。

　　A. 开证行　　　　　　B. 议付行　　　　　　C. 买方　　　　　　　D. 通知行

13. 在信用证 42C Drafts at 条款中注明"at 60 days after sight"，即要求受益人缮制（　　）汇票。

　　A. 即期

　　C. 见票后 60 天付款

　　B. 见票后 30 天付款

　　D. 出票后 60 天付款

14. 汇票的出票日期不能晚于（　　）。

　　A. 信用证的有效期

　　C. 信用证规定的装运期

　　B. 信用证的开证日期

　　D. 保险单的出单日期

15. 信用证修改书的内容有两项以上的，受益人（　　）。

　　A. 要么全部接受，要么全部拒绝

　　C. 必须全部接受

　　B. 必须全部拒绝

　　D. 只能部分接受

二、多项选择题

1. 根据《2020 通则》的解释，以 CFR 术语成交，卖方有义务（　　）。

　　A. 在约定的装运期内把货物运至装运港装船

　　B. 租船订舱

　　C. 办理货运保险

　　D. 办理出口报关手续

　　E. 办理进口报关手续

2. 根据我国海洋运输货物保险条款的规定，基本险包括平安险、水渍险和一切险三种。其英文全称（和简称）分别是（　　）。

　　A. FREE FROM PARTICULAR AVERAGE, FPA

　　B. WITH PARTICULAR AVERAGE, WPA

　　C. ALL RISKS

　　D. WAR RISKS AND STRIKES RISKS

3. 截至 2022 年 5 月，中国生产的产品出口到（　　），可以申领 RCEP 原产地证。

　　A. 美国　　　　　　　B. 日本　　　　　　　C. 韩国

　　D. 意大利　　　　　　E. 泰国

4. 信用证附加条款规定"all documents must show this L/C No., L/C date and S/C No."，那么受益人提交的所有单证，必须注明（　　），否则即为不符单证。

　　A. 信用证号码　　　　B. 信用证开证日期　　　C. 开证行的名称

　　D. 合同号码　　　　　E. 合同日期

5. 正确制单是外贸单证工作的前提，不管采用何种支付方式，单证必须正确无误。要做到单证正确无误，必须做到（　　）。

　　A. 单证一致　　　　　B. 单同一致　　　　　　C. 单单一致　　　　　D. 单货一致

6. 根据制单的"完整"原则，（　　）等表述是正确的。

　　A. 单证种类完整　　　　　　　　　　B. 单证所填内容完整

    C. 每种单证份数完整   D. 所有单证都必须签署

三、判断题

1. 开证银行对于信用证未规定的单证不予审核。(　　　)

2. 以 CIF 术语成交时，需由出口方/卖方按合同的要求办理货运投保手续，并承担相应的保险费。(　　　)

3. 在商业发票上必须明确显示产品名称、数量、单价、总值和贸易术语等主要内容。(　　　)

4. 商业发票是出口结汇的中心单证，也是制作其他单证的基础。(　　　)

5. 若商业发票中货物名称是"100% Cotton towel"，则提单货物描述可以填写"Towel"。(　　　)

6. 以 CIF 术语出口时，如合同和信用证无特别规定，保险单中"INSURED"一栏应填写卖方名称。(　　　)

7. 以 CIF 术语成交，如果卖方提交的提单日期是 2022 年 6 月 5 日，保险单日期为 2022 年 6 月 6 日，将会影响卖方安全迅速收汇。(　　　)

8. 根据《UCP600》的规定，除非信用证另有规定，银行不接受出具日期早于信用证开立日期的单证。(　　　)

9. 信用证规定装运港为 Chinese Port，缮制提单时，装运港一栏应照样填 Chinese Port，以免单证不符。(　　　)

10. 一艘船名为吉庆号的载货轮，在同一航次上分别于大连、青岛、上海三个港口装运一批出口货物运往德国。因在不同装运港口的装运日期不同，船公司分别签发了不同装运港口和装运日期的三套提单。这种做法在国际惯例中不应被视为分批装运。(　　　)

项目四

FCA 术语成交、100%前 T/T 支付的空运外贸业务

>>> 学习目标 >>>

从卖方的角色出发，通过学习本项目，要求学会核对合同条款，熟悉以 FCA 术语成交、100% 前 T/T 支付的空运外贸业务的工作过程并能依此制订出口工作计划，掌握收齐货款后履约过程各工作任务的执行要求并学会该工作过程中有关单证的制作。

>>> 任务描述 >>>

本次业务以 FCA 术语成交，货物运输采用空运。空运方式下的航空运单不具备物权凭证的作用，卖方应收齐货款后再安排发货。以 FCA 术语成交，需由买方办理把货物运至目的地的订舱手续，但实际业务中，买方通常只指定货运代理公司，仍需由卖方办理托运订舱手续。货物备妥后卖方需制作商业发票和装箱单，然后申报检验和报关（可委托货运代理公司报检报关，也可以自行报检报关）、申领原产地证。货物装运后卖方需通知买方货物装运情况，然后给买方寄送全套商业单证或发送电子版的单证。

>>> 业务背景 >>>

卖方：深圳市闪耀珠宝有限公司
　　　SHENZHEN SHINE JEWELRY CO., LTD.
　　　A3560, YUANHE ROAD, LUOHU DISTRICT, SHENZHEN, GUANGDONG, CHINA
　　　TEL: +86 0755 855×××80　FAX: + 86 855×××81
买方：HOTLINE TRADING CO.
　　　102 SYDNEY STREET, CHELSEA, LONDON, ENGLAND
　　　TEL: +44-31-5××-8××3
深圳市闪耀珠宝有限公司（SHENZHEN SHINE JEWELRY CO., LTD.，以下称为卖方）是一家从事黄金、K 金、铂金、钻石、翡翠及其他珠宝饰品的生产、加工、批发、零售及进出口

业务的大型珠宝专业公司。公司经过多年艰苦创业，已成为一家拥有独立研发、生产、营销体系的大型珠宝企业，产品具有款式新颖、质量上乘等优点，产品远销欧美、中东等 40 多个国家和地区。2023 年 4 月公司业务员马莉（英文名 **Marry**）与英国 HOTLINE TRADING CO.（以下称为买方）的 Joey 通过环球资源网初步接触，经过多次磋商，卖方于 2023 年 6 月 20 日收到买方的购货订单，卖方根据购货订单及结合磋商结果于 2023 年 6 月 21 日拟定销售确认书（单证 4.1）并发送给买方会签，号码为 SJH-20230620。

 单证 4.1

SHENZHEN SHINE JEWELRY CO., LTD.
A3560, YUANHE ROAD, LUOHU DISTRICT, SHENZHEN, GUANGDONG, CHINA
TEL: +86 0755 855×××80　FAX: + 86 855×××81
E-MAIL: Mary@ssj××.com

SALES CONFIRMATION

BUYER: HOTLINE TRADING CO. ADD: 102 SYDNEY STREET, CHELSEA, LONDON, ENGLAND			NO.: SJH-20230620 DATE: 2023-06-21 PRICE TERMS: FCA Shenzhen Airport		
Item No.	Picture	Description of Goods	QTY （PCS）	Unit Price (USD/PC)	Amount (USD)
GJP-233		GOLD INLAID WITH JADE PENDANT MATERIAL: GOLD, JADE SIZE: 28mm×18mm×5mm CHAIN: 43-44cm WEIGHT: 7.25g	100	1,165.00	116,500.00
GJB-105		GREEN JADE BANGLE MATERIALS: NATURAL A CARGO JADE SIZE: 58MM DIAMETER	500	158.00	79,000.00
TOTAL:			600		195,500.00
SAY TOTAL: USD ONE HUNDRED AND NINETY FIVE THOUSAND FIVE HUNDRED ONLY.					

Terms and conditions:

1.Payment: T/T 100% in advance before June 30, 2023.

2.Trading term: FCA Shenzhen Airport

3.Airport of Depature: Shenzhen Airport

　Airport of Destination: London Airport

4.Time of Shipment: Shipment within 30 days after receipt of 100% payment.

5.Insurance: To be covered by the buyer

6.Quality: As per sample　（No.2023SJ16 and No.2023SJ17）submitted by the seller.

7.Packing: 1pc/Box, 50pcs/Carton

8.Means of transport: By Air

9.Shipping Marks: As buyer's opinion

10.Documents: The Certificate of Chinese origin.

The Buyer

HOTLINE TRADING CO.

Authorized signature: *Joey*

The Seller

SHENZHEN SHINE JEWELRY CO., LTD.

Authorized signature: 马莉

>>> 发布任务 >>>

以本项目业务背景的外贸业务为执行对象，从卖方的角色出发，以交货和收齐货款为工作中心，完成从核对合同条款开始，到制订出口工作计划，然后按计划履行进出口合同等的全过程，具体工作任务如图 4.1 所示。在此工作过程中，卖方同时需要制作商业发票和装箱单、填报国际空运货物托运单、填报原产地证、填报（或核对）航空运单。

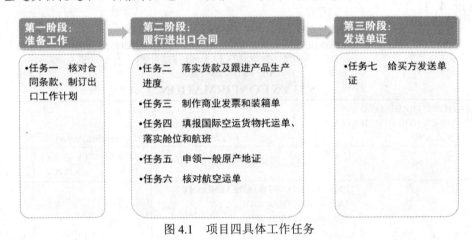

图 4.1　项目四具体工作任务

任务一　核对合同条款、制订出口工作计划

子任务一　核对销售确认书

请以外贸业务员马莉的身份，仔细核对销售确认书（S/C NO. SJH-20230620）的主要条款，填报表 4.1。

表 4.1　销售确认书（S/C NO. SJH-20230620）的主要条款

品名、规格型号和数量	
质量要求	
贸易术语	
支付方式	
装运地	
目的地	

续表

装运时间	
运输方式	
包装要求	
保险	

子任务二　制订出口工作计划

请以外贸业务员马莉的身份，根据上述经双方确认的销售确认书的要求做一份详细的出口工作计划（表 4.2）。

表 4.2　销售确认书（S/C NO. SJH-20230620）的出口工作计划

序号	出口工作计划
1	
2	
3	
4	
5	
6	

任务二　落实货款及跟进产品生产进度

1. 收取 100%电汇货款

该合同的支付条件是 "T/T 100% in advance before June 30, 2023"，装运期限是 "Shipment within 30 days after receipt of 100% payment"，根据销售确认书的约定，买方应在 2023 年 6 月 30 日前通过电汇支付全部的货款，卖方在收到买方付款后的 30 天内发货。

2023 年 6 月 24 日业务员马莉收到公司财务部门的通知，公司已收到买方的电汇货款共 195,500.00 美元。接下来马莉要联系买方落实其对产品包装的要求，随后着手安排销售确认书（S/C NO. SJH-20230620）项下产品的生产。

2. 明确产品包装要求，跟进产品生产进度

2023 年 6 月 25 日马莉收到买方发来的包装要求和包装设计方案，买方指定的唛头为 HOTLINE/LONDON/NOS.1-UP/MADE IN CHINA。马莉根据合同的要求下发生产通知单至工厂的各个相关部门，明确产品种类、质量、数量、交货时间及包装明细等。按生产部门的生产计划，产品可于 2023 年 7 月 15 日完成生产和包装。产品包装明细如表 4.3 所示。

表 4.3 产品包装明细

Item No.	Packing					
	PC/BOX	BOX/CTN	N.W./CTN(kg)	G.W./CTN(kg)	MEAS./CTN	Barcode
GJP-233	1	50	0.3625	3.35	40cm×20cm×15cm	8030113545430
GJB-105	1	50	2.275	7.2	45cm×30cm×20cm	8030113545432

任务三　制作商业发票和装箱单

2023 年 7 月 2 日，马莉根据销售确认书（S/C NO. SJH-20230620）的要求和实际装货情况制作了该笔业务的商业发票和装箱单。请根据表 4.3 进行相关计算，完成商业发票（单证 4.2）和装箱单（单证 4.3）的填写，商业发票号码为 SSJ20230702。

任务四　填报国际空运货物托运单、落实舱位和航班

子任务一　通知买方货物备妥情况

该笔业务采用 FCA Shenzhen Airport 价格成交，由买方负责订立把货物运至指定目的地的运输合同及承担运费，卖方在合同规定的装运地和规定的期限内将货物交给买方指定的承运人即完成交货义务。为了保障货物的顺利交接，买方一般会指定承运人或货运代理公司并告知卖方，由卖方办理具体的订舱手续。马莉于 2023 年 7 月 3 日给买方发送了一封电子邮件，通知其货物备妥的情况，请买方及时安排订舱并及时告知卖方，以便卖方能及时安排货物出运。当天买方公司的 Joey 发来了邮件，指定德科国际货运有限公司（DEKE INTERNATIONAL TRANSPORTATION CO., LTD.）为货运代理公司，由卖方联系该货运代理公司落实航空货运具体情况。

子任务二　填报买方货运代理公司发来的国际空运货物托运单

2023 年 7 月 3 日，买方指定的货运代理公司发来一份国际空运货物托运单（单证 4.4），请以马莉的身份按合同的要求填写国际空运货物托运单，以便买方指定的德科国际货运有限公司及时落实舱位。

单证 4.2

商业发票

SHENZHEN SHINE JEWELRY CO., LTD.
A3560, YUANHE ROAD, LUOHU DISTRICT, SHENZHEN, GUANGDONG, CHINA

COMMERCIAL　INVOICE

BUYER:	INVOICE NO.: DATE: FROM: TO:

Item No.	Marks and Numbers	Description of Goods	Quantity （PC）	Unit Price (USD/PC)	Amount (USD)
TOTAL:					

TOTAL AMOUNT:

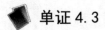 单证 4.3

装箱单

SHENZHEN SHINE JEWELRY CO., LTD.								
A3560, YUANHE ROAD, LUOHU DISTRICT, SHENZHEN, GUANGDONG, CHINA								

PACKING LIST

BUYER:

INVOICE NO.:
DATE:
FROM:
TO:

Item No.	Marks and Numbers	Barcode	Description of Goods	Quantity (PC)	Package (CTN)	G.W. (kg)	N.W. (kg)	Meas. (m³)
TOTAL:								

TOTAL PACKAGES:

单证 4.4

国际空运货物托运单

Shipper	**DEKE INTERNATIONAL TRANSPORTATION CO., LTD.** Room 2508, 25F, Kerry Center, South Renmin Road, Luohu, Shenzhen. 深圳市罗湖区人民南路嘉里中心 25 楼 2508 室 Tel No.:+86 755 82×××149 Fax No.:+86 755 82×××151 E-mail: an××la_d××g@deke.com Web site: www.d×××.it.com			
Consignee				
Notify	Date			
Flight Date		Freight		Prepaid
				Collect
Airport of Departure		Airport of Destination		
Description of Goods	Marks & Numbers	Nos. of Package	Gross Weight (kg)	Net Weight (kg)	Meas. (m³)
Total:					
Consignor's Name & Address		Signed & Chopped			

【知识补充】

国际空运货物托运单填写说明

（1）Shipper：发货人是指卖产品的一方，即卖方，填写卖方公司的英文名称、地址和电话。

（2）Consignee：收货人是买方，填写买方公司的英文名称、地址和电话。航空运输方式下，收货人必须是记名的，不可以填写"To order"或"To order of..."。

（3）Notify：填写通知人英文名称、地址及电话，通常为买方。

（4）Date：此单证的填写日期，此日期必须在合同日期之后。

（5）Flight Date（航班日期）：可填报卖方要求的最晚装运时间，即要求货运代理公司所订航班不得晚于最晚装运时间。

（6）Freight; Prepaid; Collect：运费金额订舱时无须填写，CIP、CPT 方式下选择预付，FCA方式下选择到付。

（7）Airport of Departure（始发站）：填写始发站机场的英文名称和国家。

（8）Airport of Destination（到达站）：填写到达站机场的英文名称或城市名称加国家。

（9）Description of Goods：根据合同要求填写货物英文名称和英文描述。

（10）Marks & Numbers：与商业发票或客户的要求一致。

（11）Nos. of Package（包装件数及单位）：此栏中的件数为商品的包装数量，即通常所说的箱数，不是合同中的销售数量。如"出售 100 件衬衫，每箱 20 件，有 5 箱"，其中的"5"就是件数。

（12）Gross Weight：填写托运产品的总毛重。

（13）Net Weight：填写托运产品的总净重。

（14）Meas.：填写托运产品的总体积，按立方米计算。

（15）Total：可根据装箱单的数据填写。

（16）Consignor's Name & Address; Signed & Chopped（委托人名称和地址、签名及盖章）：填写委托人（即卖方）公司英文名称和英文地址，签名为委托人法人名称和公司盖章。

子任务三　委托货运代理公司办理报关

2023 年 7 月 6 日，德科国际货运有限公司回复马莉已与航空公司落实了舱位与航班，始发站是深圳机场，装货时间预定是 2023 年 7 月 17 日。经查询，合同项下两种产品商品编码都为 7116200000，海关监管条件没有"B"，即不属于出口法检商品，不需要办理出口报检手续。接着，马莉备齐代理报关委托书等报关单证交给德科国际货运有限公司，委托其办理出口报关手续。

任务五　申领一般原产地证

本笔业务的进口国为英国，根据 2023 年的国际贸易政策，该笔业务卖方只能申领一般原产地证。2023 年 7 月 12 日卖方在"互联网+海关"平台完成一般原产地证的申报。请以马莉的身份，根据销售确认书（S/C NO. SJH-20230620）的要求及商业发票和装箱单等资料完成一般原产地证（单证 4.5）的填报。

单证 4.5

一般原产地证

1.Exporter	Certificate No.
2.Consignee	**CERTIFICATE OF ORIGIN OF THE PEOPLE'S REPUBLIC OF CHINA**
3.Means of transport and route	5.For certifying authority use only
4.Country/region of destination	

6.Marks and numbers	7.Number and kind of packages; description of goods	8.H.S.Code	9.Quantity	10.Number and date of invoices

11.Declaration by the exporter	12.Certification
The undersigned hereby declares that the above details and statements are correct, that all the goods were produced in China and that they comply with the Rules of Origin of the People's Republic of China.	It is hereby certified that the declaration by the exporter is correct.
-- Place and date, signature and stamp of authorized signatory	--- Place and date, signature and stamp of certifying authority

任务六　核对航空运单

📖 知识回顾

航空运单（airway bill，AWB）是航空运输的正式凭证，它是承运人与托运人之间订立的运输契约，也是承运人或其代理人签发给托运人表示已收妥货物并接受托运的货物收据。

1. 航空运单的性质

航空运单不是物权凭证，是不可转让的，因此其并不是提货的凭证。货物运抵目的地后，收货人凭航空公司的到货通知及有关证明领取货物，并在航空运单上签收。若合同约定采用航空运输方式，建议使用信用证方式支付或 100%前 T/T 方式支付货款（即卖方在办理货物托运手续前买方必须电汇支付 100%货款），以防个别不法商人钻航空运单不是物权凭证的空子，在未向卖方支付货款的情况下将货物提走。

航空运单共有正本一式三份。第一份正本注明"original-for the shipper"，托运人可凭此单办理交单结算（信用证支付方式下）；第二份正本注明"original-for the issuing carrier"，由航空公司留存；第三份正本注明"original-for the consignee"，由航空公司随机带交收货人。除三份正本外，航空运单副本分别注明"for airport of destination""delivery receipt""for second carder""extra copy"等，由航空公司按规定和需要进行分发，用于报关、结算、国外代理、中转分拨等。

2. 航空运单的种类

航空运单有航空主运单和航空分运单两种。

凡由航空运输公司签发的航空运单称为航空主运单（master air waybill，MAWB）。它是航空运输公司办理货物运输和交付货物的依据，是航空运输公司和托运人订立的运输合同，每一批航空运输的货物都有相对应的航空主运单。

航空分运单（house air waybill，HAWB）是由航空货运代理公司在办理集中托运业务时签发给每一个发货人的运单。在集中托运的情况下，除了航空运输公司签发的航空主运单外，集中托运人还要签发航空分运单。这时航空主运单是集中托运人与航空运输公司的运输合同，发货人（即货主）与航空运输公司没有直接的契约关系；航空分运单则是集中托运人与货主之间的运输合同，航空分运单上记载的发货人和收货人是真正的卖方和买方。

👉 操作演示

2023 年 7 月 14 日马莉向德科国际货运有限公司提供具体接货地址、联系人、电话、时间等相关信息，由德科国际货运有限公司上门取货，以确保货物及时入仓。2023 年 7 月 16 日货物入仓后，经过检查、贴标签、量尺寸、过磅之后货站将整单货物的实际重量以及体积重量写入机场可收运书，加盖安检章、可收运章以及签名确认。德科国际货运有限公司根据货物进入监管仓后货站提供的机场可收运书或过磅单来填制航空运单，2023 年 7 月 17 日马莉收到德科国际货运有限公司发来的航空运单（单证 4.6）并进行核对。

单证 4.6

航空运单

999		SZX						999-3905 8962		

Shipper's Name and Address	Shipper's Account Number
SHENZHEN SHINE JEWELRY CO., LTD. A3560, YUANHE ROAD, LUOHU DISTRICT, SHENZHEN, GUANGDONG, CHINA	

NOT NEGOTIABLE   中国民航   CAAC

AIR WAYBILL AIR CONSIGNMENT NOTE
ISSUED BY: THE CIVIL AVIATION ADMINSTRATION OF CHINA
BEIJING CHINA

Copies 1, 2 and 3 of this Air Waybill are originals and have the same validity.

Consignee's Name and Address	Consignee's Account Number
HOTLINE TRADING CO. ADD: 102 SYDNEY STREET, CHELSEA, LONDON, ENGLAND	

It is agreed that the goods described herein are accepted in apparent good order and condition (except as noted) for carriage SUBJECT TO THE CONDITIONS OF CONTRACT ON THE REVERSE HEREOF. ALL GOODS MAY BE CARRIED BY ANY OTHER MEANS INCLUDING ROAD OR ANY OTHER CARRIER UNLESS SPECIFIC CONTRARY INSTRUCTIONS ARE GIVEN HEREON BY THE SHIPPER. THE SHIPPER'S ATTENTION

IS DRAWN TO THE NOTICE CONCERNING CARRIER'S LIMITATION OF LIABILITY.

Shipper may increase such limitation of liability by declaring a higher value for carriage and paying a supplemental charge if required.

Issuing Carrier's Agent Name and City	Accounting Information

Agent's IATA Code	Account No.

Airport of Departure (Addr. of First Carrier) and

Requested Routing

Shenzhen, China

to	By First Carrier	to	by	to	by	Currency	CHGS Code	WT/VAL		Other		Declared Value for Carriage	Declared Value for Customs
								PPD	COLL	PPD	COLL		
						CNY			×		×	NVD	AS PER INV.

Airport of Destination	Flight/Date (For carrier Use Only) Flight/Date		Amount of Insurance	INSURANCE - If Carrier offers insurance, and such insurance is requested in accordance with the conditions there of, indicate amount to be insured in figures in box marked "Amount of Insurance."
London, England	CA311	2023-7-17	NIL	

Handling Information

(For USA only) These commodities licensed by U.S. for ultimate destination…Diversion contrary to U.S. law is prohibited							
No. of Pieces/ RCP	Gross Weight	Kg/ Lb	Rate Class	Chargeable Weight	Rate/ Charge	Total	Nature and Quantity of Goods (incl. Dimensions or Volume)
			Commodity Item No.				
12	78.7	K	Q	79	136.5	10,783.5	GOLD INLAID WITH JADE PENDANT DIMS: (40×20×15)cm×2 GREEN JADE BANGLE DIMS: (45×30×20)cm×10

Prepaid	Weight Charge	Collect	Other Charges
		10,783.5	
	Valuation Charge		
	Tax		
	Total other Charges Due Agent		Shipper certifies that the particulars on the face hereof are correct and that insofar as any part of the consignment contains dangerous goods, such part is properly described by name and is in proper condition for carriage by air according to the applicable Dangerous Goods Regulations.
	Total other Charges Due Carrier		DEKE INTERNATIONAL TRANSPORTATION CO., LTD. ………………………………………………………… Signature of Shipper or his Agent

Total Prepaid	Total Collect	
	10,783.5	2023-7-17 Shenzhen …………………………………………………
Currency Conversion Rates	CC Charges in Dest. Currency	Executed on (date) at (place) Signature of Issuing Carrier or its Agent
For Carrier's Use only at Destination	Charges at Destination	Total Collect Charges 999 – 3905 8962

【知识补充】

航空运单填写说明

航空运单（空白样本）参见单证 4.7。

（1）Airline Code Number（航空公司数字代号）。此栏填写航空公司的代号，如中国民航的代号为 999，日本航空公司的代号为 131 等。

（2）Airport of Departure。此栏填写始发站机场的 IATA 三字代号。IATA 是 International Air Transport Association（国际航协）的缩写。

（3）Serial Number（运单序号及检验号）。此栏填写运单号及检验号，共八位数字。

（4）Shipper's Name and Address。此栏填写托运人名称、地址（所在国家、城市、街道以及门牌号）、邮编和电话号码。必须注意，一张航空运单只能用于一个托运人在同一时间、同一地点托运的，运往同一目的站同一收货人的一件或多件货物。

如是航空分运单，此栏的托运人就是实际发货人（即卖方）。如是实际发货人直接托运，航空运输公司签发的航空主运单，此栏的托运人是实际发货人；如是集中托运，航空运输公司签发的航空主运单，此栏填写货运代理公司。

（5）Shipper's Account Number（托运人账号）。除非承运人需要，此栏一般留空。

（6）Consignee's Name and Address。此栏填写收货人的名称、地址（所在国家、城市、街道以及门牌号）、邮编和电话号码。因航空运单不具备物权凭证的特性，不可转让，买方在目的地无须凭航空运单提货，承运人或其代理人在目的地直接通知该栏填报的收货人提货，所以此栏目不能填写 "TO ORDER" 或 "TO ORDER OF…"。

如是航空分运单，此栏的收货人就是实际的买方。如是实际发货人直接托运，航空运输公司签发的航空主运单，此栏的收货人是实际的买方；如是集中托运，航空运输公司签发的航空主运单，此栏填写目的地货运代理公司。

（7）Consignee's Account Number。除非承运人需要，此栏一般留空。

（8）Issuing Carrier's Agent Name and City（签发航空运单的承运人代理人名称和城市）。如果航空运单由承运人的代理人签发，此栏填写代理人的名称及其所在城市；如果航空运单直接由承运人（即航空运输公司）签发，此栏留空。

（9）Agent's IATA Code（代理人国际航协代号）。代理人国际航协的代号为七位数字，如34-41234。实务中本栏一般不需填写，有时航空公司要求其代理人在此栏填写相应的代号。

（10）Account No.。此栏填写代理人账号，供承运人结算时使用。实务中除非承运人需要，此栏一般不需填写。

（11）Airport of Departure (Addr. of First Carrier) and Requested Routing（始发站机场和指定航线）。此栏填写始发站机场名称和所要求的运输路线，实务中一般仅填写起航机场名称或所在城市的全称。

（12）to。此栏填写目的站机场或第一个转运点的 IATA 三字代号，当该城市有多个机场，不知道机场名称时，可填写该城市代号。

（13）By First Carrier。此栏填写第一承运人的名称或 IATA 两字代号。

（14）to。此栏填写目的站机场或第二个转运点的 IATA 三字代号，当该城市有多个机场，不知道机场名称时，可填写该城市代号。

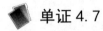 单证4.7

航空运单（空白样本）

999 （1） （2）				（3） 999 –

Shipper's Name and Address （4）	Shipper's Account Number （5）	NOT NEGOTIABLE	中国民航　　　　　　CAAC

AIR WAYBILL AIR CONSIGNMENT NOTE
ISSUED BY: THE CIVIL AVIATION ADMINSTRATION OF CHINA
BEIJING CHINA

Copies 1, 2 and 3 of this Air Waybill are originals and have the same validity.

Consignee's Name and Address （6）	Consignee's Account Number （7）	It is agreed that the goods described herein are accepted in apparent good order. and condition (except as noted) for carriage SUBJECT TO THE CONDITIONS OF CONTRACT ON THE REVERSE HEREOF. ALL GOODS MAY BE CARRIED BY ANY OTHER MEANS INCLUDING ROAD OR ANY OTHER CARRIER UNLESS SPECIFIC CONTRARY INSTRUCTIONS ARE GIVEN HEREON BY THE SHIPPER. THE SHIPPER'S ATTENTION IS DRAWN TO THE NOTICE CONCERNING CARRIER'S LIMITATION OF LIABILITY. Shipper may increase such limitation of liability by declaring a higher value for carriage and paying a supplemental charge if required.

Issuing Carrier's Agent Name and City （8）	Accounting Information （20）

Agent's IATA Code （9）	Account No. （10）	

Airport of Departure (Addr. of First Carrier) and Requested Routing （11）	

to （12）	By First Carrier （13）	to （14）	by （15）	to （16）	by （17）	Currency （21）	CHGS Code （22）	WT/VAL PPD （23）	COLL （23）	Other PPD （23）	COLL （23）	Declared Value for Carriage （24）	Declared Value for Customs （25）

Airport of Destination （18）	Flight/Date (For carrier Use Only) Flight/Date （19）	Amount of Insurance （26）	INSURANCE - If Carrier offers insurance, and such insurance is requested in accordance with the conditions there of, indicate amount to be insured in figures in box marked "Amount of Insurance."

Handling Information （27）

(For USA only) These commodities licensed by U.S. for ultimate destination…Diversion contrary to U.S. law is prohibited

No. of Pieces/ RCP	Gross Weight	Kg/ Lb	Rate Class （31） Commodity Item No.	Chargeable Weight	Rate/ Charge	Total	Nature and Quantity of Goods (incl. Dimensions or Volume)
（28）	（29）	（30）	（32）	（33）	（34）	（35）	（36）
（28）	（29）					（35）	

Prepaid （37A）	Weight Charge	Collect （37B）	Other Charges
Valuation Charge （38A）		（38B）	（40）
Tax （39A）		（39B）	
Total other Charges due Agent			Shipper certifies that the particulars on the face hereof are correct and that insofar as any part of the consignment contains dangerous goods, such part is properly described by name and is in proper condition for carriage by air according to the applicable Dangerous Goods Regulations.
（41A）		（41B）	
Total other Charges due Carrier （42A）		（42B）	（46）
			.... Signature of Shipper or his Agent
Total Prepaid （43）		Total Collect （44）	（47）　　　　　　（48）　　　　　　（49） ....
Currency Conversion Rates （45A）		CC Charges in Dest. Currency （45B）	Executed on (date)　　at (place)　　Signature of Issuing Carrier or its Agent
For Carrier's Use only at Destination （45）		Charges at Destination （45C）	Total Collect Charges （45D）　　　　　　　　　　999 –

（15）by。此栏填写第二承运人的 IATA 两字代号。

（16）to。此栏填写目的站机场或第三个转运点的 IATA 三字代号，当该城市有多个机场，不知道机场名称时，可填写该城市代号。

（17）by。此栏填写第三承运人的 IATA 两字代号。

（18）Airport of Destination。此栏填写货物运输的最终目的地机场全称，当该城市有多个机场，不知道机场名称时，可填写该城市代号。

（19）Flight/Date (for Carrier's use only) Flight/Date（航班/日期，仅供承运人使用，包括续程的航班/日期）。本栏一般不需填写。本栏即使填写，其所填内容只能供承运人使用，该起飞日期不能视为货物的装运日期，货物的装运日期一般以航空运单的签发日期为准。

（20）Accounting Information（财务说明）。此栏填写运费缴付方式及其他财务说明事项。如 FREIGHT PREPAID、FREIGHT COLLECT 或托运人结算使用的信用卡号、账号。货物到达目的站无法交付收货人而需退运的，应将原始货运单号码填入新运单的本栏内。

（21）Currency（货币）。此栏填写始发站所在国（地区）的 ISO（国际标准化组织）的货币代码，如中国的货币代码是 CNY、美国的货币代码是 USD、日本的货币代码是 JPY 等。除 45A~45D 外，运单上的所有费用均应以此货币表示。

（22）CHGS Code（费用代码）。本栏一般不需填写，仅供电子传送运单信息时使用。

（23）WT/VAL; Other（航空运费/声明价值附加费；其他费用）。WT（Weight Charge）即航空运费，是指根据货物计费重量乘以适用的运价收取的运费。VAL（Valuation Charge）即声明价值附加费，是指向承运人声明了价值时，必须另行支付声明价值附加费。在 "PPD"（Prepaid）栏下打 "×" 表示预付，在 "COLL"（Collect）栏下打 "×" 表示到付。Other（Other Charges at Origin）即其他费用，是指在始发站的其他费用。在 "PPD" 栏下打 "×" 表示预付，在 "COLL" 栏下打 "×" 表示到付。

（24）Declared Value for Carriage（供运输用申报价值）。此栏填写托运人声明的托运货物总价值，一般按发票的总额填写，如果托运人没有声明价值，此栏必须填写 "NVD"（No Value Declared），即没有声明价值。

（25）Declared Value for Customs（供海关用申报价值）。此栏填写报关货物的商业价值。此栏所填价值是提供给海关作为征税依据的。当以出口货物报关单或商业发票的金额为征税依据时，本栏可不填或填 "AS PER INVOICE"；如果货物没有商业价值（如样品等），此栏必须填 "NCV"（No Commercial Value），即没有商业价值。

（26）Amount of Insurance。如果承运人向托运人提供代办货物保险业务，则在本栏内填写托运人投保的金额；如果承运人不提供此项服务或托运人不要求投保，此栏必须填写 "×××" 符号，或填写 "NIL"（No insurance L），即没有投保。

（27）Handling Information（运输处理注意事项）。本栏填写货物在运输和仓储过程中需要注意的事项。

当货物为危险货物时，分两种情况处理。①需要附托运人的危险品申报单，则填写 "DANGEROUS GOODS AS PER ATTACHED SHIPPER'S DECLARATION"，对于要求装运在货机上的危险货物，还应再加填 "CARGO AIRCRAFT ONLY"。②不要求附危险品申报单的危险货物，则填写 "SHIPPER'S DECLARATION NOT REQUIRED"。

当一批货物既有危险货物又有非危险货物时，危险货物必须填写在第一项。一般情况下，此类危险货物应属于不要求托运人附危险品申报单、不是放射性物质且数量有限的货物。

其他注意事项：①包装情况，如唛头、包装方法等；②飞机随带的有关商业单证名称，如商业发票、装箱单等；③被通知人的名称、地址、所在国家、电话等；④托运人对货物在途时的某些特别处理规定等；⑤海关规定；等等。

（28）No. of Pieces/RCP（件数/运价组合点）。此栏填写托运货物的总包装件数。"RCP"（Rate Combination Point）即运价组合点，如果使用非公布直达运价计算运费，在件数的下面应填写运价组合点城市的 IATA 三字代号。

（29）Gross Weight。此栏填写托运货物的实际毛重，以千克为单位时可保留小数点后一位。

（30）Kg/Lb（千克/磅）。此栏填写重量的计量单位。以千克为单位时，填写代号"K"；以磅为单位时，填写代号"L"。

（31）Rate Class（运价等级）。此栏根据航空公司的有关资料，填写运价等级的代号，运价等级代号及说明见表 4.4。

表 4.4　运价等级代号及说明

序号	等级代号	说明
1	M	代表 Minimum Charge（最低运费），即货物的起运运价
2	N	代表 Normal under 45kgs Rate（45 千克以下运价），即 45 千克以下的普通货物的运价
3	Q	代表 Quantity over 45kgs Rate（45 千克及以上运价），即 45 千克及 45 千克以上普通货物的运价。45 千克被称为重量分界点（Weight break point）
4	C	代表 Special Commodity Rate（特种货物运价）
5	R	代表 Class Rate Reduction（折扣运价），即对少数货物，可按"N"运价给予一定百分比的折扣
6	S	代表 Class Rate Surcharged（加价运价），即对少数货物，按"N""Q""M"运价加一定的百分比
7	U	代表 Unit load Device Basic Charge or Rate（集装化设备基本运费或运价）
8	E	代表 Unit load Device Additional Rate（集装化设备附加运价）
9	X	代表 Unit load Device Additional Information（集装化设备附加说明）
10	Y	代表 Unit load Device Discount（集装化设备折扣）

（32）Commodity Item No.（商品编号）。使用指定商品运价时，此栏按运价等级填写托运货物的商品编号。填写时应注意商品编号应与运价等级代号保持为同一行。使用折扣、加价运价时，此栏填写附加或附减运价的比例（百分比），如运价等级填写"R"，按"N"运价给予 50%的折扣，本栏填写"N50"。当托运的货物是集装货物时，填写集装货物运价等级。

（33）Chargeable Weight（计费重量）。此栏填写计收航空运费的计费重量。需比较货物的实际毛重和体积重量，以较高者作为计费重量。体积重量按"$1m^3=167kgs$"的标准进行换算，或按"长（cm）×宽（cm）×高（cm）×包装件数÷6,000"的方法进行换算。计费重量采取 0.5 进制，如 51.8 按 52 计算、51.3 按 51.5 计算。属于"M"运价等级的，则此栏可留空。如果托运货物是集装货物，则按下列方式填报：

① 与运价代号"U"对应打印适合集装货物基本运费的运价点重量；

② 与运价代号"E"对应打印超过使用基本运费的重量；

③ 与运价代号"X"对应打印集装器空重。

（34）Rate/Charge（运价/运费）。此栏填写实际计费的运价。对折扣运价或加价运价，此栏与运价等级对应填写附减或附加后的运价。

（35）Total。此栏填写计收运费的总额，即计费重量与适用运价的乘积。如果是最低运费或集装货物基本运费，本栏与 "Rate/Charges" 填写的金额相同。

（36）Nature and Quantity of Goods(incl. Dimensions or Volume)（货物品名和数量，包括体积或容积）。此栏填写托运货物的名称、数量及尺码等内容，并注意以下事项：①当托运货物中含有危险货物时，应分别填写，并把危险货物填列在第一项；②当托运货物为活动物时，应根据 IATA 活动物运输规定填写；③对于集运（混载）货物，填写 "Consolidation as Per Attached List"；④货物体积，可用"（长 × 宽 × 高）cm × 包装件数"或"（长 × 宽 × 高）cm/包装件数"表示，或直接标明按立方米计算的总体积，如"DIMS: (30 × 30 × 20)cm × 20"或"DIMS: (30 × 30 × 20)cm/20"；⑤当合同或信用证要求标明产地国时，可在此栏中标出货物的产地国。

（37）Weight Charge（计重运费）。此栏填写与"（35）Total"栏一致的航空运费总额。如果运费预付，填入（37A）栏内；如果运费到付，填入（37B）栏内。

（38）Valuation Charge（声明价值附加费）。如果托运人对托运货物声明价值，此栏填写声明价值附加费金额。如果预付，填入（38A）栏内；如果到付，填入（38B）栏内。若托运人无声明价值，本栏留空。

（39）Tax（税款）。此栏填写按规定收取的税款金额。如果预付，填入（39A）栏内；如果到付，填入（39B）栏内。

（40）Other Charges（其他费用）。此栏填写在始发地和已知的在途中或在目的地产生的其他费用，其他费用只能全部预付或全部到付。按 IATA 规则，各项费用分别用三个英文字母表示，前两个字母是某项费用的代码，第三个字母是"C"，表示该项费用由承运人收取，第三个字母是"A"，表示由代理人收取。

（41）Total other Charges due Agent（由代理人收取的其他费用）。如是预付，不应当将代理人收取的其他费用填入（41A）栏内，除非经过航空公司的同意；如是到付，则将（40）栏内所列代理人收取的其他费用合计填入（41B）栏内。

（42）Total other Charges due Carrier（由承运人收取的其他费用）。如果预付，填入（42A）栏内；如果到付，填入（42B）栏内。

（43）Total Prepaid（预付费用总额）。本栏填写预付费用的总额，即（37A）、（38A）、（39A）、（41A）和（42A）合计的金额。

（44）Total Collect（到付费用总额）。本栏填写到付费用的总额，即（37B）、（38B）、（39B）、（41B）和（42B）合计的金额。

（45）For Carrier's Use only at Destination（仅供承运人在目的站填写）。（45A）Currency Conversion Rate（货币兑换比价），填写目的站国家的币种和"（21）currency"栏所用货币的汇率。（45B）CC Charges in Dest. Currency（用目的站国家货币付费），填写根据（45A）填报的汇率将（44）中的到付费用换算成的本币金额。（45C）Charges at Destination，填写在目的站发生的货物运费金额。（45D）Total collect charges，填写（45B）和（45C）的合计金额。

（46）Signature of Shipper or his Agent（托运人或其代理人签名）。此栏由托运人或其代理人签名、盖章。

（47）Executed on date（运单日期）。本栏所表示的日期为签发日期，也就是本批货物的装运日期。本栏的日期不得晚于信用证或合同规定的

云资源
航空运单

装运日期。

（48）at(place)（签发运单的地点）。此栏填写航空运单的始发站机场或城市名。

（49）Signature of Issuing Carrier or its Agent（承运人或其代理人签字）。以代理人身份签章时，如同提单一样，需在签章处加注"AS AGENTS"；承运人签章则加注"AS CARRIER"。

任务七　给买方发送单证

关于本笔业务有关单证的处理，买方明确告知卖方只需要提供相关单证的扫描电子版就可以了。2023 年 7 月 17 日，马莉把该笔业务项下的商业发票、装箱单、一般原产地证、航空运单扫描后，把扫描电子版发送到买方的电子邮箱。

〉〉〉拓展实训 〉〉〉

◆业务背景◆

深圳市闪耀珠宝有限公司（以下称为卖方）的业务员李东在广交会上结识了澳大利亚 NOVIS JEWELRY TRADING CO.（以下称为买方）的采购经理 Simon，双方经过多次磋商与确认样品之后，于 2023 年 5 月 18 日签订销售合同（S/C NO. SJ-NJ20230518），具体内容见单证 4.8。

◆实训要求◆

本笔业务卖方的实际履约情况见表 4.5，请根据业务进度和要求填写各业务环节涉及的单证（单证 4.9～单证 4.14）。

单证 4.8

<table>
<tr><td colspan="5" align="center">**SALES CONTRACT**</td></tr>
</table>

SELLER:	SHENZHEN SHINE JEWELRY CO., LTD. A3560, YUANHE ROAD, LUOHU DISTRICT, SHENZHEN, GUANGDONG, CHINA TEL: +86 0755 855×××80 FAX: + 86 855×××81	S/C NO.:	SJ-NJ20230518
BUYER:	NOVIS JEWELRY TRADING CO. 1ST BULIDING, 11TH TOWER, ZHI STREET, SYDNEY, AUSTRALIA TEL: +61-2-35×××20 FAX: +61-2-35×××21	DATE:	2023-05-18

This contract is made by and agreed between the BUYER and SELLER, in accordance with the terms and conditions stipulated below.

Product No.	Description of Goods	Quantity	Unit	Unit Price	Amount
					CIP SYDNEY AIRPORT
SIL-ER12	990 STERLING SILVER ERRING MATERIAL: 925 STERLING SILVER, SIZE: 11mm×19mm FOR EACH EARRING, SILVER WEIGHT: 5.15G	180	PCS	USD50.00	USD9,000.00
18K-FP06	18K GOLD NATURE FRESHWATER PEARL EARRING PEARL SIZE: 10.5mm	90	PCS	USD210.00	USD18,900.00
	TOTAL	270	PCS		USD27,900.00

Say Total: US DOLLAR TWENTY SEVEN THOUSAND NINE HUNDRED ONLY.

Payment	The buyer must pay 100% of the contract amount by T/T not later than May 25, 2023.
Packing	Packed with elegant gift box, 90boxes/Carton
Airport of Depature	Shenzhen Airport
Airport of Destination	Sydney, Australia
Shipment	Shipment within 60 days after receipt of 100% payment.
Shipping Marks	NOVIS SYDNEY S/C NO.: SJ-NJ20230518 NOS.: 1-3
Quality	As per samples(No.SIL-ER12 and No.18K-FP06) submitted by seller.
Insurance	To be effected by the seller. Cover air transportation all risks for 120% of the invoice value.
Documents	Certificate of Origin Form for China-Australia Free Trade Agreement.

The Buyer	The Seller
NOVIS JEWELRY TRADING CO. *Simon* (Manager Signature)	SHENZHEN SHINE JEWELRY CO., LTD. 李东 (Manager Signature)

表 4.5 实际履约情况

序号	出口工作实际完成情况
1	2023 年 5 月 22 日业务员李东收到公司财务部门的通知，公司已收到买方 NOVIS JEWELRY TRADING CO.电汇的全部货款，共 27,900.00 美元。接下来李东要联系买方落实其对产品包装的要求，随后着手安排产品的生产
2	2023 年 5 月 22 日李东下发生产通知单至工厂的各个相关部门，明确产品种类、质量、数量、交货时间及包装明细等。按生产部门的生产计划，产品可于 2023 年 7 月 10 日完成生产和包装。产品包装情况如下。 SIL-ER12：每个装一盒，90 盒装一箱，N.W.是 0.774kg/CTN，G.W.是 5.508kgs/CTN，体积是 45cm×40cm×30cm/CTN； 18K-FP06：每个装一盒，90 盒装一箱，N.W.是 0.522kgs/CTN，G.W.是 4.842kgs/CTN，体积是 40cm×30cm×25cm/CTN
3	2023 年 7 月 2 日，李东根据合同制作该笔业务的商业发票（单证 4.9）和装箱单（单证 4.10），发票号为 SSJ20230702-NJ
4	本笔业务采用 CIP 术语成交，卖方需要自付费用办理订舱手续。2023 年 7 月 2 日卖方填写国际空运货物托运单（单证 4.11），委托德科国际货运有限公司办理订舱手续。2023 年 7 月 4 日，德科国际货运有限公司回复李东已与航空公司落实了舱位与航班，始发站是深圳，装货时间预定是 2023 年 7 月 12 日，航班号是 CA861。经查询，该批货物没有"AB"监管条件，不属于法定检验的商品，因此，卖方只委托德科国际货运有限公司代为办理出口报关手续
5	本笔业务采用 CIP 术语成交，卖方还需要办理货运保险手续。2023 年 7 月 8 日，李东按照合同的要求办理投保手续，填写了投保单（单证 4.12），并缴纳了保险费，保险公司于 2023 年 7 月 9 日签发了一份保险单
6	2023 年 7 月 8 日李东向德科国际货运有限公司提供具体接货地址、联系人、电话、时间等相关信息，由德科国际货运有限公司上门取货，以确保货物及时入仓
7	德科国际货运有限公司根据货物入监管仓后提供的机场可收运书或过磅单来填制航空运单，2023 年 7 月 12 日李东收到德科国际货运有限公司发来的航空运单并进行核对。[请以德科国际货运有限公司的身份签发航空运单（单证 4.13）]。有关运单的基本信息如下：运单号码是 3905 9633；按人民币计收运费，最低运费标准 300 元，N 级运价为 120 元，Q 级运价为 110 元
8	2023 年 7 月 13 日，李东向中国海关申了中澳 FTA 原产地证，型号 SIL-E12 的产品，商品编码是 7113.1190.90，型号 18K-FP06 的产品，商品编码是 7113.1919.90。该批产品由卖方生产。该批货物符合《中国-澳大利亚自由贸易协定》第三章三条（完全获得货物）在缔约一方"完全获得"的条件。 请参照中澳 FTA 原产地证相关栏目填报说明填报单证 4.14
9	2023 年 7 月 14 日，李东把该笔业务项下的所有单证，包括商业发票、装箱单、保险单、中澳 FTA 原产地证通过国际快递寄送给买方。航空运单不需要寄送，买方在目的地凭提货通知书即可提货

单证 4.9

商业发票

SHENZHEN SHINE JEWELRY CO., LTD.

A3560, YUANHE ROAD, LUOHU DISTRICT, SHENZHEN, GUANGDONG, CHINA

COMMERCIAL　INVOICE

BUYER:			INVOICE NO.: DATE: FROM: TO:		
Item No.	Marks and Numbers	Description of Goods	Quantity (PC)	Unit Price (USD)	Amount (USD)
TOTAL:					
SAY TOTAL:					

单证 4.10

装箱单

SHENZHEN SHINE JEWELRY CO., LTD.
A3560, YUANHE ROAD, LUOHU DISTRICT, SHENZHEN, GUANGDONG, CHINA

PACKING LIST

BUYER:

INVOICE NO.:
DATE:
FROM:
TO:

Item No.	Marks and Numbers	Description of Goods	Quantity (PC)	Package Per CTN	Packages (CTN)	G.W. (kg)	N.W. (kg)	Meas. (m³)

TOTAL:

TOTAL PACKAGES:

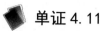 单证 4. 11

国际空运货物托运单

Shipper			**DEKE INTERNATIONAL TRANSPORTATION CO., LTD.** Room 2508, 25F, Kerry Center, South Renmin Road, Luohu, Shenzhen. 深圳市罗湖区人民南路嘉里中心 25 楼 2508 室 Tel No.:+86 755 82×××149 Fax No.:+86 755 82×××151 E-mail: an××la_d××g@deke.com Web site: www.d×××.it.com		
Consignee					
Notify			Date		
Flight Date			Freight		Prepaid
					Collect
Airport of Departure			Airport of Destination		
Description of Goods	Marks & Numbers		Nos. of Package	Gross Weight (kg)	Net Weight (kg)	Meas. (m³)
Total:						
Consignor's Name & Address			Signed & Chopped		

单证 4.12

投保单

PICC 中国人民财产保险股份有限公司
PICC Property and Casualty Company Limited

运输险传真件
Application for Transportation Insurance
致：中国人民财产保险股份有限公司深圳分公司
TO: PICC Property and Casualty Company Limited, Shenzhen Branch

收件人 ATTN		日期 DATE:

被保险人：
Assured:
兹有下列物品拟向中国人民财产保险股份有限公司投保
Insurance is required on the following commodities:

标记 Marks & Nos.	包装及数量 Package & Quantity	保险货物项目 Description of Goods	保险金额 Amount Insured
			发票金额 Invoice Value

发票号 Invoice No.		合同号 Contract No.	
信用证号 L/C NO.	提单号 B/L NO.	装载工具（填运输方式与具体车船名称） Per conveyance:	
启运日期 Date of commencement		自　　　经　　　至 From　　Via　　　To	

请将要保的险别说明（Please indicate the Conditions &/or Special Coverage）

备注：被保险人确认已经完全了解本保险合同条款和内容。
Remarks: THE ASSURED CONFIRMS HEREWITH THE TERMS AND CONDITIONS
OF THESE INSURANCE CONTRACT FULLY UNDERSTOOD

投保人（公司盖章） Applicant's signature/or seal of proposer: 经办人 Signature:	传真 FAX NO. +86-755-866×××39 电话 TEL NO. +86-755-866×××38 日期 DATE:

单证 4.13

航空运单

999		SZX										999-	

Shipper's Name and Address	Shipper's Account Number	NOT NEGOTIABLE　　中国民航　　CAAC
		AIR WAYBILL AIR CONSIGNMENT NOTE ISSUED BY : THE CIVIL AVIATION ADMINSTRATION OF CHINA BEIJING CHINA
Consignee's　　Name　　and Address	Consignee's Account Number	Copies 1, 2 and 3 of this Air Waybill are originals and have the same validity. It is agreed that the goods described herein are accepted in apparent good order and condition (except as noted) for carriage SUBJECT TO THE CONDITIONS OF CONTRACT ON THE REVERSE HEREOF. ALL GOODS MAY BE CARRIED BY ANY OTHER MEANS INCLUDING ROAD OR ANY OTHER CARRIER UNLESS SPECIFIC CONTRARY INSTRUCTIONS ARE GIVEN HEREON BY THE SHIPPER. THE SHIPPER'S ATTENTION IS DRAWN TO THE NOTICE CONCERNING CARRIER'S LIMITATION OF LIABILITY. Shipper may increase such limitation of liability by declaring a higher value for carriage and paying a supplemental charge if required.
Issuing Carrier's Agent Name and City		Accounting Information
Agent's IATA Code	Account No.	
Airport of Departure (Addr. of First Carrier) and Requested Routing		

to	By First Carrier	to	by	to	by	Currency	CHGS Code	WT/VAL		Other		Declared Value for Carriage	Declared Value for Customs
								PPD	COLL	PPD	COLL		

Airport of Destination	Flight/Date (For carrier Use Only) Flight/Date	Amount of Insurance	INSURANCE - If Carrier offers insurance, and such insurance is requested in accordance with the conditions there of, indicate amount to be insured in figures in box marked "Amount of Insurance."
Handling Information			

(For USA only) These commodities licensed by U.S. for ultimate destination…Diversion contrary to U.S. law is prohibited

No. of Pieces/ RCP	Gross Weight	Kg/ Lb	Rate Class Commodity Item No.	Chargeable Weight	Rate/ Charge	Total	Nature and Quantity of Goods (incl. Dimensions or Volume)

Prepaid	Weight Charge	Collect	Other Charges
Valuation Charge			
Tax			
Total other Charges due Agent			Shipper certifies that the particulars on the face hereof are correct and that insofar as any part of the consignment contains dangerous goods, such part is properly described by name and is in proper condition for carriage by air according to the applicable Dangerous Goods Regulations.
Total other Charges due Carrier			
			…………………………………………………………………………………………… Signature of Shipper or his Agent
Total Prepaid		Total Collect	…………………………………………………………………………… Executed on (date)　　　at (place)　　　Signature of Issuing Carrier or its Agent
Currency Conversion Rates		CC Charges in Dest. Currency	
For Carrier's Use only at Destination	Charges at Destination		Total Collect Charges	999 –

单证 4.14

中澳 FTA 原产地证

1. Exporter's name, address and country:	Certificate No.:
	CERTIFICATE OF ORIGIN Form for China-Australia Free Trade Agreement
2. Producer's name and address(if known):	Issued in _____
3. Importer's name ,address and country(if known):	For official use only:
4. Means of transport and route (if known): Departure Date: Vessel/Flight/Train/Vehicle No.: Port of loading: Port of discharge:	5. Remarks:

6. Item number (Max 20)	7. Marks and numbers on packages （optional）	8. Number and kind of packages; description of goods	9. H.S. code (6-digit code)	10. Origin criterion	11. Gross weight or other quantity (e.g. Quantity Unit, liters, m^3)	12. Invoice number and date

| 13. Declaration by the exporter or producer
The undersigned hereby declares that the above-stated information is correct and that the goods exported to
....
(Importing country)
Comply with the origin requirements specified in the China-Australia Free Trade Agreement.
....
Place, date and signature of authorised person | 14. Certification
On the basis of control carried out, it is hereby certified that the information herein is correct and that the described goods comply with the origin requirements of the China-Australia Free Trade Agreement.

....
Place ,date and signature and stamp of authorized body
Tel: Fax:
Adress: |

【知识补充】

中澳 FTA 原产地证填写说明

第 2 栏：填写生产商的名称和地址。生产商的具体名称和地址作为保密资料时可填写"CONFIDENTIAL"。

第 9 栏：对应第 8 栏中的每种货物，填写协调制度税则归类编码（6 位数）。

第 10 栏：对应第 8 栏中的每种货物，根据表 4.6 填写其适用的原产地标准。有关原产地标准在《中国-澳大利亚自由贸易协定》第三章（原产地规则和实施程序）及其附件二（产品特定原产地规则）中予以规定。

表 4.6　中澳原产地标准代码

原产地标准	代码
该货物根据《中华人民共和国政府和澳大利亚政府自由贸易协定》第三章第三条（完全获得货物）在缔约一方"完全获得"	WO
该货物完全在缔约一方或双方领土内由符合《中华人民共和国政府和澳大利亚政府自由贸易协定》第三章（原产地规则和实施程序）规定的原产材料生产	WP
该货物在缔约一方或双方领土内使用符合产品特定原产地规则及《中华人民共和国政府和澳大利亚政府自由贸易协定》第三章（原产地规则和实施程序）其他有关要求的非原产材料生产	PSR

第 11 栏：对应第 8 栏中的每种货物，以千克为单位或者以其他计量单位分别注明其毛重或净重。可依照惯例采用其他计量单位（例如体积、件数等）来精确地反映数量。

〉〉〉 理论测试 〉〉〉

一、单项选择题

1. 根据《2020 通则》的规定，采用 FCA 术语成交，应由（　　）办理把货物从装运地运到目的地的订舱手续并承担相应的运费。

　　A. 卖方　　　　　　　B. 买方　　　　　　　C. 货运代理公司　　　D. 出口地银行

2. 根据《2020 通则》的规定，FCA、CPT 和 CIP 术语以（　　）为界限划分买卖双方承担对货物损坏或灭失的风险。

　　A. 装运港的船舷　　B. 货交承运人　　　C. 货交买方处置　　D. 装运港船上

3. 在 CIP 条件下，由（　　）办理货运保险，如果货物在运输过程中发生保险公司承保范围内的损失，（　　）可根据保险单向保险公司索赔，与（　　）无关。

　　A. 卖方，卖方，买方　　　　　　　　B. 卖方，买方，卖方

　　C. 卖方，船方，买方　　　　　　　　D. 卖方，船方，卖方

4. 航空公司的运价，以"N"表示（　　）。

　　A. 最低运价　　　　　　　　　　　　B. 指定商品运价

　　C. 45 千克以上普货运价　　　　　　　D. 45 千克以下普货运价

5. 采用航空运输的出口货物，不适宜采用（　　）支付方式。

　　A．100%前 T/T　　　　　　　　　　　　B．托收

　　C．信用证　　　　　　　　　　　　　　D．30%T/T 定金+70%交货前 T/T

6．某批航空托运的货物，毛重是 28.6kgs，体积是 0.106m³，则计费重量是（　　　　）。

　　A．28.6kgs　　　　　B．29kgs　　　　　C．17.7kgs　　　　　D．18kgs

7．某批航空托运的货物，毛重是 50.3kgs，体积是 0.36m³，则计费重量是（　　　　）。

　　A．50.3kgs　　　　　B．50.5kgs　　　　　C．60.1kgs　　　　　D．60.5kgs

8．航空运单一般有三联正本，正本 1 交（　　　　），正本 2 交（　　　　），正本 3 交（　　　　）。

　　A．托运人，收货人，开单人　　　　　B．托运人，开单人，收货人

　　C．开单人，托运人，收货人　　　　　D．开单人，收货人，托运人

二、多项选择题

1．根据《2020 通则》的规定，采用 CIP 术语成交，卖方的义务有（　　　　）。

　　A．负责办理出口报关　　　　　　　　B．负责办理进口报关手续

　　C．负责办理货物运输合同并承担运费　　D．负责办理货运保险手续并承担保险费

2．有关国家（地区）的 ISO 货币代码，（　　　　）的表述是正确的。

　　A．中国的货币代码是 CNY　　　　　　B．美国的货币代码是 USD

　　C．日本的货币代码是 JPY　　　　　　D．韩国的货币代码是 KRW

3．航空主运单中的"SHIPPER"栏，可以填写（　　　　）。

　　A．买卖合同中的卖方　　　　　　　　B．买卖合同中的买方

　　C．将货物交给承运人的人　　　　　　D．航空货运代理人

4．关于航空运单的表述，正确的有（　　　　）。

　　A．它是承运人和托运人之间的运输合同

　　B．航空运单可以转让

　　C．它是由承运人或其代理人签发的货物运输凭证

　　D．航空运单可分为航空主运单和航空分运单

5．填写国际空运货物托运单时，运费栏选择正确的有（　　　　）。

　　A．CPT 方式下选预付　　　　　　　　B．FCA 方式下选到付

　　C．CIP 方式下选预付　　　　　　　　D．FCA 方式下选预付

三、判断题

1．采用航空运输时，货物运抵目的地后，收货人凭航空公司的到货通知及有关证明即可领取货物，而无须向承运人提交航空运单。（　　　　）

2．航空运单的收货人栏可以填写"TO ORDER"或"TO ORDER OF SHIPPER"。（　　　　）

3．FCA、CPT 和 CIP，此三种贸易术语适用于任何运输方式。（　　　　）

4．采用 CIP 或 CIF 术语成交时，如买方要求卖方按货物价值的 120%投保，卖方不能接受。（　　　　）

5．我国某公司出口一批商品到澳大利亚，如该批商品无法满足《中国-澳大利亚自由贸易协定》的原产地规则，则我国海关不能签发中澳 FTA 原产地证。（　　　　）

附　　录

附录一　相关知识索引

附录二　外贸单证常见英文释义

above mentioned：上述

advising bank：通知银行

airline code number：航空公司数字代号

airport of departure：始发站机场，起运地机场

airport of destination：目的地机场

all risks：一切险

also notify：通知人，提单通知人

amendment：修改

amount：总值，总金额

applicant：开证申请人

as per：参照

assortment list：花色搭配单

at sight：见票即付

at…days after bill of lading date：提单日后若干天付款

at…days after date：出票后若干天付款

at…days after sight：见票后若干天付款

AWB：airway bill，航空运单

B/L：bill of lading，海运提单，提单

bags/inner bag：每内（包装）袋有×包

balance：余款

banker's acceptance draft：银行承兑汇票

banker's draft：银行汇票

barrel：桶装

bearer B/L：不记名提单

beneficiary：受益人

beneficiary's certificate：受益人证明

beneficiary's declaration：受益人声明

beneficiary's statement：受益人声明

bill of exchange：汇票

blank endorsed：空白背书

box/boxes：箱

bulk：散装

bundle：捆

Buyer/To：买家，抬头

C/I：certificate of inspection，检验证书

cargo readiness time：货物备妥时间

case/cases：箱

CBM：cubic meter，立方米（m^3）

CCPIT：China Council for Promotion of International Trade，中国国际贸易促进委员会

certificate of quality：货物品质证书

certificate of quantity：货物数量证书

certificate of weight：货物重量证书

CFS TO CY："站到场"运输

CFS TO DOOR："站到门"运输

CFS：container freight station，集装箱货运站

chargeable weight：计费重量

claim payable at：赔款偿付地点

clauses printed overleaf：背面条款

clean on board B/L：清洁已装船提单

CO：Certificate of Origin of the People's Republic of China，一般原产地证

collecttion：托收

commercial acceptance draft：商业承兑汇票

commercial draft：商业汇票

commercial invoice：商业发票

consignee：收货人

consignor：委托人/发货人

container No.：集装箱号

copy：副本，复印件

country/region of destination：目的地所在国或地区

CTN/CTNS：carton，箱

currency conversion rate：货币兑换比价

currency：货币

CY TO CFS："场到站"运输

CY TO CY："场到场"运输

CY TO DOOR："场到门"运输

CY：container yard，集装箱堆场

D/A：documents against acceptance，承兑交单

D/P：documents against payment，付款交单

declaration by the exporter：出口方声明

declared value：申报价值

deduct deposit：扣除定金

demand draft：即期汇票

description of goods：品名，商品名称

direct B/L：直达提单

discrepancy：不符点

document：单据、单证

DOOR TO CFS："门到站"运输

DOOR TO CY："门到场"运输

DOOR TO DOOR："门到门"运输

drawee：受票人，汇票付款人

drawer：出票人

endorsement：背书

ETA：estimated time of arrival，预计到达时间

ETD：estimated time of departure，预计离港时间

exhibition：展览证书

exporter：卖方

FCL：整柜/整箱

FCL-FCL：整箱交、整箱收

FCL-LCL：整箱交、拆箱收

fixed date：指定日期付款

flight date：航班日期

for official use：供官方使用

FORM E：ASEAN-CHINA FREE TRADE AREA PREFERENTIAL TARIFF CERTIFICATE OF ORIGIN，中国-东盟自由贸易区优惠关税原产地证书

foul B/L：不清洁提单

FPA：free from particular average，平安险

Freight & Charges：运费与附加费费用

freight collect：运费到付

freight forwarder：货运代理

freight prepaid：运费预付

full set bill of lading：全套海运提单

G.W.：Gross weight，毛重

GSP FORM A：普惠制原产地证格式 A

gunny bags：麻袋

handling information：运输处理注意事项

HAWB：house air waybill，航空分运单

head office：总行

HS Code/H.S.Code：商品编码，海关编码，税则号

ICC：Institute Cargo Clauses，《协会货物条款》

in duplicate：一式两份

in quadruplicate：一式四份

in triplicate：一式三份

in two copies：一式两份，两套

in two fold：两份

INCOTERMS 2020：《国际贸易术语解释通则 2020》

inner bags/ctn：每箱有×（内）袋

inspection certificate of disinfection：消毒检验证书

inspection certificate of fumigation：熏蒸证明书

inspection certificate of temperature：温度检验证书

insurance certificate：保险凭证

insurance policy：保险单

International Chamber of Commerce：国际商会

irrevocable letter of credit：不可撤销信用证

ISBP745：《国际标准银行实务》

Issued Retroactively：后发证书

issuing bank：开证行

Item No./Style No.：规格型号

Item Number：商品顺序号

kg/KG/kgs/KGS：kilogram, kilo, 千克（大于 1 千克常加"S"）

Kg/Lb：千克/磅

Kind of Pkgs：包装种类

L/C：letter of credit，信用证

LCL：拼柜/拼箱

LCL-FCL：拼箱交、整箱收

LCL-LCL：拼箱交、拆箱收

local charge：当地费用

long form B/L：全式提单

M2：m^2，平方米

M3：m^3，立方米

Marks & Numbers/Marks and numbers：唛头及包装编号

MAWB：master air waybill，航空主运单

means of transport and route：运输方式和路线

Meas.：measurement，尺码/尺寸，长度，体积

measurement list：尺码单

movement certificate：流动证书

N.W.：net weight，净重

N/M：no mark，无唛头

NCV：No Commercial Value，没有商业价值

negotiating bank：议付行

NIL：No insurance L，没有投保

Non-Negotiable：不可转让，副本

Nos. of Package/No of Pkgs：包装件数及单位

notify party：通知人，提单通知人

notify：通知

NVD：No Value Declared，没有声明价值

ocean freight：海运运费

Ocean Vessel Voyage No.：船名和航次

open cover：预约承保书

open policy：预约保单

order B/L：指示提单

origin criteria：原产地标准

original：正本，原件

P.O.或 PO：purchase order，购货订单

package per CTN：包装方式

packing list：装箱单

payable at：运费到付地点

pc/PC/pcs/PCS/Pcs/Piece：最小数量单位，如件、片、个、张等

pcs/bag：每包有×件（或片、个等）

PICC: People's Insurance Company of China，中国人民保险公司

Pkgs：packages，包装

place and date of issue：签发地点和日期

place of receipt：收货地点

plastic bag：塑料袋

plastic pallet：塑料托盘

Plt/PLTS：pallet/pallets，托盘

port of discharge：卸货港

port of loading：装运港

premium：保费

prepaid at：运费预付地点

pre-paid：预付

products consigned from：发货人

products consigned to：收货人

proforma invoice：形式发票

QTY：quantity，数量

rate class：运价等级

received for shipment B/L：备运提单，收讫待运提单

reimbursing bank：偿付银行

remarks：备注

S/C：Sales Confirmation/Sales Contract，销售确认书/销售合同

S/O：shipping order，装货单、下货纸

Seal No.：铅封号

set/sets：套，副，组

shipped or on board B/L：已装船提单

shipper：托运人，发货人

shipping advice：装运通知

shipping company's certificate：船公司证明

shipping marks：唛头

short form B/L：略式提单

sight draft：即期汇票

Signed & Chopped：签名及盖章

straight B/L：记名提单

surveying and claim settling agents：货损检验及理赔代理人

T/T：telegraphic transfer，电汇

third party invoicing：第三方发票

through B/L：联运提单

TLX-Release：电放货物

Total Amount Insured：总保险金额

Total Number of Containers Or Packages(in words)：集装箱总数或包装总数（大写）

total：小计，总计

transshipment B/L：转船提单

UCP600：《跟单信用证统一惯例》

unclean B/L：不清洁提单

unit price：单价

URC 522：《托收统一规则》

usance draft：远期汇票

W/T：with transshipment，转船、转运

W/W clause：warehouse to warehouse clause，仓至仓条款

war risks：战争险

waybill：海运单

weight charge：计重运费

weight list/memo：重量单/磅码单

wooden case：木箱

WPA：with particular average，水渍险

附录三　理论测试参考答案　附录四　自测试卷及参考答案

附录五　更新勘误表和配套资料索取示意图

说明 1：本书配套教学资料存于人邮教育社区（www.ryjiaoyu.com），资料下载有教师身份、权限限制（身份、权限需网站后台审批，参见示意图）。

说明 2："用书教师"，是指为学生订购本书的授课教师。

说明 3：本书配套教学资料将不定期更新、完善，新资料会随时上传至人邮教育社区本书相应的页面内。

更新勘误及意见建议记录表

说明 4：扫描二维码可查看本书现有"更新勘误记录表""意见建议记录表"。如发现本书或配套资料中有需要更新、完善之处，望及时反馈，我们将尽快处理！

咨询邮箱：13051901888@163.com

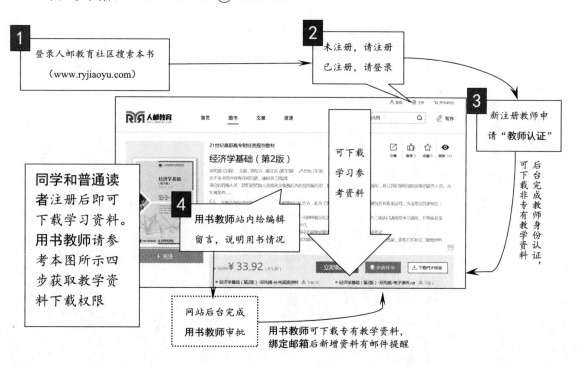

主要参考文献

[1] 戈雪梅，谢恽，2018. 外贸单证操作[M]. 北京：高等教育出版社.

[2] 国际商会中国国家委员会，2006. ICC 跟单信用证统一惯例（UCP600）[M]. 北京：中国民主法制出版社.

[3] 国际商会中国国家委员会，2013. 关于审核跟单信用证项下单据的国际标准银行实务（ISBP745）[M]. 北京：中国民主法制出版社.

[4] 袁建新，2020. 国际贸易实务[M]. 5 版. 上海：复旦大学出版社.

[5] 章安平，牟群月，2017. 外贸单证操作[M]. 4 版. 北京：高等教育出版社.

[6] 张彦欣，2019. 进出口业务操作实务[M]. 北京：中国纺织出版社.